भूलभुलैया A-Ω

भूलभुलैया और उस पर चलने के कैसे, क्या और क्यों का एक परिचय

क्लाइव जॉनसन

labyrinthe

Labyrinthe Press

प्रतलिप्यिधकिार © क्लाइव जॉनसन

प्रथम प्रकाशन मार्च 2017 को हुआ। यह संस्करण मार्च 2019 का है।

सर्वाधकिार सुरक्षति। इस प्रकाशन के कसिी भी भाग को प्रकाशक की पूर्वलखिति अनुमत‍ि के बनिा, कसिी भी रूप में या कसिी भी माध्यम से, फोटोकॉपी, रकिॉर्डगि, या अन्य इलेक्ट्रॉनकि या यांत्रकि तरीकों से पुनः प्रतलिपिति, वतिरति, प्रेषति या प्रसारति नहीं कयिा जा सकता, सविाय उन संक्षप्ति उद्धरण के मामलों में जो समीक्षात्मक लेखों में समावष्टि हैं और कुछ अन्य गैर-वाणज्यिकि उपयोग जो प्रतलिप्यिधकिार कानून द्वारा अनुमत हैं।

लैबरौंथ प्रेस
लेह-ऑन-सी, यूनाइटेड कगिडम
www.labyrinthepublishers.com

पुस्तक अभन्यिास © 2017 BookDesignTemplates.com
आवरण चति्र © आईस्टॉक, मामूथ / पीटर-ज़ेलेई द्वारा
अन्य दृष्टांत © सफ़ेरमनि
इनग्राम द्वारा वतिरति

प्रकाशन डेटा में ब्रटिशि लाइब्रेरी कैटलॉगगि
भूलभुलैया अल्फा-ओमेगा / क्लाइव जॉनसन -प्रथम संस्करण।
आईएसबीएन 978-1-9162276-6-8 (प्रटि संस्करण)
आईएसबीएन 978-1-9162276-7-5 (इलेक्ट्रॉनकि संस्करण)

एक श्रव्य डजिटिल ऑडयिोबुक के रूप में भी उपलब्ध है।
इस पुस्तक के पेपरबैक और ईबुक संस्करण वभिन्नि अनुवादों में उपलब्ध हैं।
अधकि मात्रा की बक्रिी। इस पुस्तक की अधकि-मात्रा खरीद पर वशिेष छूट उपलब्ध है। जानकारी के लिए, कृपया info@labyrinthepublishers.com पर संपर्क करें।

वषिय-सूची

प्राक्कथन 1

परचिय 5

समय के साथ भूलभुलैया.. 9

भूलभुलैया क्यों? 23

भूलभुलैया में प्रवेश कसि दृष्टकिोण से करें?..........49

अगली भूलभुलैया यात्रा के लिए कहाँ? 61

टपिण्णयिाँ और सन्दर्भ नर्दिेश..........................69

ग्रंथ सूची..75

भूलभुलैया संसाधन-नर्दिेशक..............................82

प्राक्कथन

एक 10,000 मील की सड़क यात्रा की शुरुआत करने का ख्याल ही अधिकांश लोगों के मापदंड से थोड़ा मूर्खतापूर्ण लगता है। एक बड़ा सा लपेटा हुआ तिरपाल ढोते हुए ऐसी यात्रा पर निकलना थोड़ा पागलपन सा लग सकता है, खासकर इस विचार के साथ कि रास्ते में मिलने वाले अजनबियों से न केवल अपने द्वार खोलकर इस विचित्र सी चित्रित चटाई को उनके फर्श पर बिछाने की अनुमति लेना बल्कि किसी भी ऐसे व्यक्ति का स्वागत करना जो वहाँ से गुजर रहा हो, और उस चित्रित चटाई पर चलना चाहता हो, संभव होगा।

मुझे मानना होगा कि इस परियोजना को प्रारंभ करते हुए मेरे मन में बहुत सी दुविधाएँ थीं। एक तो यह, कि यह विचार मुझे अचानक से भूलभुलैया मंडली (द लैबरिन्थ सोसाइटी) की एक प्रेरणाप्रद बैठक के बाद आया, जो कि कई सौ ऐसे लोगों का एक

समुदाय है जो भूलभुलैया खोजने, बनाने, एकत्रति करने और उन पर चलने के बारे में अत उित्साहति हैं।

मैंने इस प्रकार के अभयिान से संबंधति चुनौतयिों के बारे में नाम-मात्र को भी नहीं सोचा, इस पर होने वाले खर्च और समय के बारे में तो भूल ही जाइए। परंतु स्वभाव से मैं खानाबदोश हूँ, और अपने दलि के दखिाए हुए मार्ग का अनुसरण करता हूँ- उससे संकेत लेते हुए जसि मैं 'महान इश्वर्य' ('द ग्रेट डवािइन') कहता हूँ।

तो, न्यूनतम योजना और इस प्रयोजन को पूर्ण होते हुए देखने की चाह के साथ मैं अपनी पहली रात के ठहराव का प्रबंध करने में जुट गया, एक गहरी सांस ली, और अपने बचत के धन में से $2000 से अधकि राश िको एक भूलभुलैया बनवाने के लिए समर्पति कर दयिा।

उस जूनून को शब्दों में कह पाना कठनि है जो मुझे वविश कर रहा था, और जो उन बढ़ते हुए भूलभुलैया के अनुकरणकर्ताओं को भी प्रेरति करता है, जो क ि द लैबरन्थि सोसाइटी के मूल सदस्य हैं।

भूलभुलैया में एक जादुई आकर्षण है - इसमें चलना केवल आराम से कदम भरना नहीं है, जैसा क िआप अपने कुत्ते को घुमाते हुए कर सकते हैं। भूलभुलैया के पथ पर कदम रखते ही हर तरह की भावनाएँ सतह पर उभर कर आ सकती हैं और उसके साथ ही कई नए वचिार, अर्थपूर्ण चतिन और कार्यवाही की योजनाओं की प्रेरणा भी, जनिका प्रयोग आप भूलभुलैया से वापस बाहर कदम रखने पर कर सकते हैं।

भूलभुलैया एक प्राचीन आद्यरूप है, एक ऐसा राज़ जो हमारे पूर्वजों को कई शताब्दयिों से ज्ञात था। एक भूलभुलैया पर चलने के लिए कसिी योग्यता या पूर्व अनुभव की आवश्यकता नहीं है। युवा और बुजुर्ग (और उनके बीच की उम्र के लोग); अमीर और गरीब; लातनि अमरीकी मूल के व्यक्त,ि अमरीकी मूल के व्यक्त ि

और प्राचीन अंग्रेजी जाति के; यहूदी, मुसलमान, ईसाई और हिंदू; शारीरिक रूप से सक्षम और विकलांग; नास्तिक और अज्ञेयवादी; शहर-वासी और ग्रामीण लोग - भूलभुलैया किसी को भी और सभी को, बिना किसी पूर्व धारणाओं के और सभी को एक समान मानते हुए अपने पथ पर चलने के लिए आमंत्रित करती है।

द लैबरिन्थ सोसाइटी की पूर्व अध्यक्ष, हेलन करी का दावा है, "कोई अन्य उपकरण इतनी सफलतापूर्वक हमारे अस्तित्व के इतने पहलुओं का एकत्रीकरण नहीं कर सकता और ना ही हमें इतने स्पष्ट रूप से सिखा सकता है कि हम सब एक ही पथ पर हैं।[1] कोई अन्य चीज़ विभिन्न धर्मों और सांस्कृतिक पृष्ठभूमि के लोगों को इतने प्रभावी ढंग से अपनी बात नहीं कह सकती".

शायद यह उन कारणों में से एक है जिसकी वजह से हाल के वर्षों के दौरान भूलभुलैया पर चलना इतना लोकप्रिय हो गया है - हालांकि प्रत्येक व्यक्ति की चाल अप्रतिम है और वह उनके अपने समय और तरीके से की जाती है, भूलभुलैया सभी को स्वीकार कर उन्हें गले से लगाती है।

भूलभुलैया का मानवता की सुंदर विविधिता को गले लगाना एक ऐसा कारण है जिसकी वजह से मैं इसकी तरफ इतना खिंचाव महसूस करता हूँ, परंतु यह भी, कि इस में किसी भी धर्म या अन्य विश्वास प्रणाली के प्रति संबद्धता से ऊपर उठने की क्षमता है। यह वास्तव में सभी धर्मों और विचारधाराओं को अंतर्भूत करती है और समान रूप से उनका भी स्वागत करती है जो किसी धर्म या विचारधारा से जुड़े हुए नहीं हैं, या अध्यात्मिक मामलों के बारे में कोई विशेष दृष्टिकोण रखते हैं।

इस लघु पुस्तक में मैं आपको यह बताऊँगा कि मुझे ऐसा विश्वास क्यों है कि भूलभुलैया में इतनी शक्ति है। हम स्वयं एक संक्षिप्त यात्रा करेंगे और वर्तमान के दिन में लौटने से पहले इतिहास के विभिन्न स्थानों और समय पर रुक कर यह देखेंगे कि भूलभुलैया का विभिन्न संस्कृतियों द्वारा किस प्रकार प्रयोग

कयिा गया था, तथा यह समझने की कोशशि करेंगे कि वर्तमान में इसकी हमारे लिए क्या उपयोगिता है।

हम विचार करेंगे कि कैसे भूलभुलैया लोगों को उनके जीवन में विभिन्न परिस्थितियों का सामना करने में उपयोग की गई हैं, जिसमें उपचार, मिलाप और समुदायों को एक साथ लाना भी शामिल है। उपयोगों का यह संक्षिप्त सर्वेक्षण इस चिंतन के साथ बिल्कुल सटीक बैठेगा कि भूलभुलैया का इतने लोगों के लिए इस प्रकार का आकर्षण क्यों है।

हम इस बात की जाँच करेंगे कि आप जब भूलभुलैया पर चलना प्रारंभ करेंगे तो किस प्रकार के अनुभव की अपेक्षा कर सकते हैं और आपको भूलभुलैया पर चलना प्रारंभ करने से पहले उसे किस दृष्टिकोण से देखना चाहिए, इस पर अपने कुछ विचार आपके समक्ष रखेंगे।

इसके लिए, हम अपनी यात्रा का समापन इसके बारे में और अधिक जानकारी प्राप्त करने के लिए उपलब्ध विकल्पों में से कुछ को देखकर, और भूलभुलैया पर चलने के अनुभव को आपके इलाके में, और अन्य जगहों पर, एक समूह या सामुदायिक आधार पर, या स्वयं निजी तौर पर अनुभव प्राप्त करने के अवसरों को खोज कर करेंगे।

इस पुस्तक के अंतिम भाग में आपको पुस्तकों, पत्रिकाओं, पॉडकास्ट, वेबसाइट लिंक और 'कैसे करें' वीडियो की निर्देशिका उपलब्ध कराई गई है जो आपको भूलभुलैया के बारे में और अधिक जानने और उनका आनंद लेने में आपकी सहायता करेगी - जिसमें इसे अपने घर, संगठन या समुदाय में लाने की संभावना भी शामिल है।

परिचय

मैं मात्र 10 साल पहले एक भूलभुलैया में पहली बार चला था। मैं एक छोटे से वर्गीकृत विज्ञापन की तरफ आकर्षित हुआ, जो कि मुझे एक कार्यक्रम की सूची देने वाली पत्रिका के पिछले पन्नों में मिला था, और जो नवागंतुकों को मोमबत्ती की रोशनी के द्वारा भूलभुलैया में चलने के लिए आमंत्रित कर रहा था, जो उस समय जहाँ मैं रहता था, उसके पास के एक गिरिजाघर में थी।

यह बात विशेष रूप से महत्वपूर्ण नहीं है कि यह भूलभुलैया पर चलना एक गिरिजाघर में हुआ था - जैसा कि मुझे बाद में पता चला जब मैं एक नियमित भूलभुलैया में चलने वाला बन गया, उन दूसरे लोगों के साथ जो संयोग से उस, और वैसी अन्य शामों को भूलभुलैया पर पहुँच गए थे, और जिन में से बहुत से स्वयं को धार्मिक नहीं मानते थे। परंतु इंग्लैंड के दक्षिणी तट के ब्राइटन और होव के आवासीय इलाके में स्थित इस गिरिजाघर का अत्यंत खूबसूरत गोथिक स्थापत्य, सूक्ष्म प्रकाश व्यवस्था और भावपूर्ण जीवंत संगीत मुझे प्रभावित करने में विफल नहीं हुआ।

गरिजिाघर का चौड़ा बीच का हसि्सा कुरसयिाँ हटा कर उस बड़े से तरिपाल के लएि खाली कर दयिा गया था जसि पर भूलभुलैया चति्रति थी। 112 मोमबत्तयिाँ उसकी गोलाकार सीमा पर टमिटमि‍ा रहीं थीं और भूलभुलैया का पथ उस तरिपाल पर एक शांतदायक, गहरे, चमकदार, नीले रंग से बनाया गया था। यह वशिाल रचना फ्रांस के शारत्र कैथेड्रल में पाई जाने वाली भूलभुलैया की रूप और माप में एक हूबहू प्रतलिपि थी।

यह स्वयं एक इसी प्रकार की तरिपाल की भूलभुलैया से प्रेरति थी जो सैन फ्रांससि्को के ग्रेस कैथेड्रल में नयिमति रूप से बछिाई जाती थी- जो भूलभुलैया के शुरुआती उदाहरण में से एक है जसिे आधुनकि सार्वजनकि स्थान पर लाया गया था। इस ग्रेस कैथेड्रल की तरिपाल की भूलभुलैया का स्थान अब एक स्थाई भूलभुलैया ने ले लयिा है, जोकि इस प्रमुख गरिजिाघर के फर्श में स्थापति है, और जो इसके मूल रूप की लोकप्रयिता की गवाही देता है।

मेरी भूलभुलैया पर चलने की प्रक्रयिा की शुरुआत एक दीप्तमिान मुस्कुराहट और पैतृक आभा वाले वनिम्र सज्जन द्वारा की गई (जो तब से एक बहुत अच्छे मति्र बन गए हैं)। कार्यक्रम के सुकारक ने चलने के लएि कुछ दशिा-नर्दिेश देने से पहले भूलभुलैया के इतहिास की एक संक्षप्ति रूपरेखा दी। रोशनी को धीमा करने के बाद हमारे मेज़बान ने भूलभुलैया के उद्घाटन का संकेत एक तबि्बती झंकार के झांझ को आपस में रगड़ कर दयिा, और फरि एक-एक कर के- परंतु बनिा कसिी तीव्र आगमन के, सभी व्यक्ति आगे बढ़कर चौड़ी तरिपाल के प्रवेश पर अपने स्थान ग्रहण करने लगे।

मैं सही समय के लएि थोड़ा रुका, स्वयं को भूलभुलैया पर चलने के लएि तैयार महसूस करने से पहले मैंने करीब बीस मनिट तक प्रतीक्षा की। मैंने तब से यह जाना है कि भूलभुलैया पर चलना मुझे कब शुरू करना चाहएि, इसकी चेतना मुझे अक्सर भूलभुलैया

पर ही होती है- कभी मुझे तेजी से आगे बढ़ने की लालसा होती है और कभी, यदि चलना चाहूँ भी तो, बहुत धीरे चलने की।

भूलभुलैया के पथ पर पहला कदम रखना मेरे लिए एक दहलीज़ को पार करने जैसा था। एक बार पथ पर पहुँच कर बाहर क्या हो रहा हो सकता है, मुझे उससे असम्बद्ध होने का एहसास हुआ। मेरा सरोकार केवल चलने और सांस लेने तक से था, यह जानते हुए कि मुझसे इससे अधिक और कुछ अपेक्षित नहीं था।

भूलभुलैया के अंदर एक अलग ही स्थान में होने के विचार को विद्वान हरमन कर्न ने महत्व देते हुए कहा है, "महत्वपूर्ण यह है कि [भूलभुलैया की] सीमा उसके अंदर के स्थान को बाहर वाले से स्पष्ट रूप से अलग करती है। [2] यह अंदर का स्थान वह स्थान है जहाँ हम अपने आंतरिक जीवन से जुड़ सकते हैं।

मुझे पहली बार भूलभुलैया पर चलने के बारे में अब कुछ अधिक याद नहीं है। मैं जानता हूँ कि आखिरकार मैं उसके केंद्र पर पहुँच गया- हालांकि यदि मैं नहीं पहुँचता तो भी इसका कुछ महत्व नहीं था- और मैंने कुछ समय तिरपाल पर दुबक कर बैठे हुए व्यतीत किया जबकि बाकी लोग मेरे आसपास चक्कर लगाते रहे। उस दिन बहुत से लोग वहाँ चल रहे थे, कुछ मेरे चलने के दौरान मेरे साथ से गुजर गए, कुछ और विपरीत दिशा से मेरी तरफ आ रहे थे, और कुछ अन्य जो मेरी परिधीय दृष्टि में आ और जा रहे थे, भूलभुलैया के घुमावदार पथ की अपनी यात्रा पर प्रकट और गुम हो रहे थे।

चलना समाप्त करने के बाद मैं अपने बैठने के स्थान पर लौट आया और उस अनुभव को, जिसका मैं अभी-अभी आनंद लेकर आया था, संसाधित करने के लिए स्वयं को कुछ समय दिया। मैं जिस जगह पर पहुँच गया था वहाँ बहुत शांत, उत्थापित और आरामदायक महसूस कर रहा था। हो सकता है मेरे चलने के दौरान जो मेरे मन में विचार आये हों उन्हें मैंने लिखा हो- मुझे अब यह याद नहीं है, परंतु यह कुछ असामान्य नहीं होगा (यह कोई बुरा विचार नहीं है कि भूलभुलैया पर चलना समाप्त करने के समय एक

पुस्तकि को अपने पास तैयार रखें, यदि प्रेरणा या कुछ नई अंतर्दृष्टि आपके मन में आए, जैसा कि अक्सर होता है)।

मैं जानता था कि मैं भूलभुलैया पर चलने को केवल एक बार का अनुभव बनाना नहीं चाहता था। मेरे लिए सौभाग्य की बात थी कि गिरिजाघर नियमित रूप से सुबह के भूलभुलैया-चलन का मेज़बान था, हालांकि वे एक छोटी भूलभुलैया का प्रयोग करते थे। मैं इस सुबह की सैर पर नियमित हो गया और जल्दी ही अन्य निष्ठापूर्वक चलने वाले लोगों की मंडली से मेरी मित्रता हो गई जो मेरे साथ कॉफी और क्रोसॉन के लिए जुड़ जाते थे। कभी-कभी हम में से कुछ लोग अपने अभ्यास को आगे बढ़ाते हुए बहुत धीमी और चिंतनशील सैर उस समुद्र तट की तरफ करते थे जो गिरिजाघर से दक्षिण की ओर थोड़ी ही दूरी पर था।

कुछ ही वर्षों बाद शारत्र का दौरा संभव हुआ। यहाँ कुछ विशिष्ट समय पर अभी भी उन्हीं 270 के लगभग पत्थरों पर चलना संभव है जो कि गिरिजाघर के फर्श में बने भूलभुलैया के पथ को चिन्हित करते हैं। यह करते समय उन आगंतुकों पर विचार करना अत्यंत विनियपूर्ण होता है, जो इसी पथ पर 13वीं शताब्दी से कदम रखते आए हैं।

अध्याय 1

समय के साथ भूलभुलैया

शारत्र में स्थति भूलभुलैया वशिषतः जानी-मानी है, शायद इसलिए क्योंकि कई शताब्दियों के लिए वह गरिजािघर तीर्थ यात्रयिों के लिए एक महत्वपूर्ण गंतव्य स्थल था। आगंतुकों में वह भी शामलि थे जो यरूशलेम की यात्रा करने में असमर्थ थे, उस के बजाए यह भूलभुलैया उन्हें तीर्थ यात्रा के लिए एक प्रतीकात्मक केंद्र प्रदान करती थी।

बहुत से लोग इन ठंडे पत्थरों पर चले हैं, इस पवति्र शहर में पहुँचने के लिए एक लंबी और कठनि यात्रा के बाद, जहाँ गंतव्य स्थान पर पहुँचने से कई मील पहले से ही यह रोबदार गरिजािघर दखिने लगता है। एक तीर्थयात्री के लिए इस महान गरिजािघर की भूलभुलैया के केंद्र पर पहुँचना नए यरूशलेम में पहुँचने जैसा है।

शारत्र की भूलभुलैया की रचना असाधारण रूप से सुंदर है। इसके आकार में जड़े हुए 112 चांद्रमास, या सजावटी नमूने हैं जो

कि भूलभुलैया की बाहरी सीमा को चिन्हित करते हैं। लगभग दोषहीन समरूपता के साथ यह भूलभुलैया उतनी ही इस अद्वितीय गिरिजाघर की भव्यता और उत्कृष्ट कृति का प्रमाण है जितनी कि इसकी अनेक रंगीन काँच की खिड़कियाँ जो इसकी विशाल जगह में चमकती हैं, जिसमें इसकी विशिष गुलाब की खिड़कियाँ भी शामिल हैं, जो उत्तर और दक्षिण अनुप्रस्थ भाग को अपनी चमक से धो सा देती हैं, और इसकी बारीकी से बनाई हुई मूर्तियाँ जो इसके बाहरी हिस्से को शोभित करती हैं।

अक्सर कहा जाता है कि इसके बीच के खाली भाग के पश्चिमी हिस्से वाली विशाल गुलाब-खिड़की को यदि उसके खड़े स्थान से उठाकर गिरिजाघर के फर्श पर लेटाया जा सकता तो वह भूलभुलैया के नक्शे पर एकदम अचूक बैठती। परंतु भूलभुलैया के प्रतिष्ठित शोधकर्ता जेफ्फ सावर्ड ने इस सिद्धांत को असत्य प्रमाणित कर दिया है ।[3] इसके बावजूद भूलभुलैया की रचना के अर्थ से जुड़े हुए रहस्यों ने अब तक विद्वानों को बांधकर रखा है, कुछ ऐसा अनुमान लगाते हैं कि एक समय में शायद यह ईस्टर के समारोह का स्थान रहा होगा जहाँ पर पादरी एक गेंद को एक दूसरे को देते थे, कुछ अन्य विद्वानों का कहना है कि यह शायद एक विस्तृत तिथि-पत्र या कैलेंडर की तरह प्रयोग किया जाता था।

इस जगह में पवित्र रेखा गणित के और भी अनूठे उदाहरण हैं परंतु भूलभुलैया के जैसा सुरुचिपूर्ण ढंग से अनुपातित शायद ही कोई और होगा।[4] शारत्र में स्थित यह गोथिक श्रेष्ठ-कृति उन यूरोप के प्रधान गिरिजाघरों, ईसाई महामठों और अन्य प्रख्यात गिरिजाघरों में से एक है, जो कि भूलभुलैया के वास-स्थान हैं। भूलभुलैया के अन्य उदाहरण में शामिल है अमिएंस, प्वाटियिर्स और सेंट-क्वेंटिन (औरों के भी विद्यमान होने के बारे में ज्ञात है परंतु उन्हें अब तक तबाह कर दिया गया है)।

शारत्र गरिजिाघर, मध्यकालीन अवधि की सबसे प्रख्यात भूलभुलैया का वास-स्थान

यूरोप में अन्य जगहों पर भूलभुलैया वकिल्पी परस्तिथियिों में पाई जाती हैं, और- जहाँ तक कि हम कह सकते हैं- वे अलग उद्देश्यों के लिए प्रयोग की गईं थीं।

स्कैंडनिवयिा के तट के आसपास और उत्तरी जर्मनी में, उदाहरण के लिए, 600 पत्थर में चन्हिति भूलभुलैयां उन बस्तयिों में पाई गई हैं जन्हिें 'ट्रॉय टाउन' के रूप में जाना जाता है, क्योंकि ये संरचनाएँ क्रीट के छापों में पाए जाने वाले भूलभुलैया के आकार के बहुत करीब हैं, जनिमें नवयुवक एक ट्रोजन लड़ाई को अभनिीत करते हैं।

स्कैंडनिवयिा में सभी उत्खनन शास्त्रीय रचना का पालन करते हैं। इसका एक रूप, जसिे आमतौर पर 'बाल्टकि व्हील' शैली के नाम से जाना जाता है, कई जर्मन-भाषी देशों में भी पाया जाता

है। स्कैंडनिवियाई भूलभुलैया की तट से नकिटता से पता चलता है कि वे मछुआरों के लिए महत्वपूर्ण सभा स्थल थीं।

यह अनुमान लगाया जाता है कि गाँवों के पुरुष समुद्र में जाने से पहले प्रार्थना करने या अनुष्ठान करने के लिए भूलभुलैया में एकत्र होते थे। उनकी सुरक्षा के लिए प्रार्थना की जाती थी, और एकत्रित लोग अपने देवता को भरपूर मछली पकड़ पाने के लिए प्रार्थना करते थे। शायद, कुछ लोग खतरनाक पानी में नकिलने से पहले भूलभुलैया में चलते होंगे। हम केवल कल्पना कर सकते हैं कि उनके दिमाग में उस समय क्या विचार चल रहा होता होगा, और उनके दिलों में क्या बोझ होता होगा।

महाद्वीप के दूर की ओर, द्वीपों और क्षेत्रों में जहाँ यूनानियों का प्रभुत्व था, भूलभुलैया के अन्य उदाहरण, या तो वास्तविक या वहाँ पाए गए मिट्टी के बर्तनों पर लिखित या चित्रित, भरपूर हैं। निस्संदेह, इनमें से सबसे प्रसिद्ध क्रीट के द्वीप पर नौसोस के महल में स्थित भूलभुलैया है (हालांकि यह संभव है कि यह भूलभुलैया पुराणशास्र में जानी-मानी हो, परन्तु किसी भी भौतिक प्रमाण द्वारा इसकी पुष्टि नहीं की गई है)।

शास्त्रीय, मध्ययुगीन और बाल्टिक भूलभुलैया शैली

जैसा कि शायद आप जानते हैं, ग्रीक पौराणिक कथाओं की प्रसिद्ध कथा एथेन्स के थसियिस की कहानी बताती है, जिसने क्रीट के राजा मिनोस की सबसे प्यारी बेटी, एरिअड्ने द्वारा भेंट की गई तलवार और धागे के एक गोले की मदद से डरावने राक्षस

पर काबू पाया, जो कि एक अजय भूलभुलैया के केंद्र में फंस गया था। मनिोटौर को हराने के बाद थसियिस उस खुले हुए धागे का पीछा करते हुए वापसि चला गया, जसिका दूसरा छोर अभी भी प्रवेश द्वार पर बंधा हुआ था। फरि दोनों मनिोस को रोष में छोड़कर नक्सोस द्वीप भाग जाते हैं, और मनिोस भूलभुलैया के नर्िमाता को दंडति करने की कसम खाते हैं।

इस भूलभुलैया की रचना नपिुण आवष्िकारक डेडेलस ने मनिोटौर के आवास के लएि की थी, जसि मनिोस अपने बेटे के रूप में पेश करने में शर्मदिंगी महसूस करता था। प्रत्येक वर्ष, सात युवक और सात युवतयिों को मुख्य-भूमि से मनिोटौर की अतृप्त भूख को संतुष्ट करने के लएि एक भेंट के रूप में भेजा जाता था। थसियिस के भूलभुलैया के समाधान करने और मनिोटौर को पराजति करने के बाद, डेडेलस ने मनिोस के साम्राज्य से भागने की तैयारी की, परन्तु क्रोधति राजा ने उसे थसियिस की सहायता करने के दंड के रूप में एक अभेद्य टॉवर पर भेज दयिा। हमारा उस से फरि से मलिन उसके अपने बेटे आइकेरस की कहानी में होता है, जसिने सूरज के बहुत करीब से उड़ान भरी, जसिके कारण उसके उन पंखों में लगी मोम की सील पघिल गई जो उसके पति‍ा ने उसे टॉवर में कैद से भागने के लएि दएि थे।

डेडेलस की 'भूलभुलैया' ही शायद वह है जसि हम अब 'चक्रव्यूह' के नाम से जानते हैं। उसमें शायद बहुत सी अंधी गलयिाँ और चौराहे होंगे जनिका नर्िमाण मनिोटौर को उसके केंद्र में सुरक्षति कैद करने के लएि कयिा गया, और कसिी ऐसे को भी फँसाने के लएि, जसिने उस के अंदर आने का साहस कयिा हो। परंतु थसियिस ने उसका एक सही रास्ता खोज नकिाला- वह भूलभुलैया- जो कसिी को उलझाने या मूर्ख बनाने की कोशशि नहीं करती। आधुनकि चक्रव्यूह इसी सद्धिांत को समावष्टि करते हैं- जो उनके रहस्य को जानते हैं उनके लएि केंद्र तक जाने के लएि एक सीधा और सरल पथ है।

असल में चक्र-व्यूह शब्द का पहला उल्लेख अंग्रेजी भाषा में चौदहवीं शताब्दी में हुआ था, और उस की रचना संभवतः ज्यॉफ्री चौसर ने की। इससे पहले कोई भी घरिा हुआ पथ जसिे कसिी रीती-संबंधति उद्देश्य से चन्हिति कयिा गया हो, भूलभुलैया कहलाता था, बल्कि उसका फ्रांसीसी या लैटनि अनुरूप *लैब्रॉथ* या *लैबीरैंथम*।

एक चक्र-व्यूह की संकल्पना- या एक ऐसी संरचना जो अपनी अनेक अंधी गलयिों से जानबूझकर मनोरंजन करे या चुनौती दे, रानी एलज़िाबेथ के काल तक प्रकट नहीं हुई थी, हालांकि कई सभ्यताओं में अनजान व्यक्ति को फँसाने या उलझाने के लएि भूलभुलैया के प्रयोग के बारे में ज्ञात है।

उदाहरण के तौर पर, महाकाव्य महाभारत में महान हदिू योद्धा अर्जुन के पुत्र अभमिन्यु की कहानी यह बताती है कि कैसे उस नवयुवक को रणभूमि में जाने और शत्रु को हराने की वधि सिखिाई जाती है परंतु उसमें से वापस बाहर आने की नहीं। हदिू लोक-साहत्यि में इस कथा का वर्णन एक चक्रव्यूह की तरह कयिा गया है, जसिकी क्रेटन शैली के साथ एक आश्चर्यजनक समानता है, हालांकि यह शास्त्रीय नमूने का एक वशिष्टि भन्नि रूप है।

इसका हदिू रूप, जो संस्कृत में *चक्र-व्यूह* के नाम से जाना जाता है (यथाशब्द, 'युद्ध-पहएि की बनावट') जोकि उलझे हुए आकार में सेना की व्यवस्था का प्रतीक है। यह बहुत सी नक्काशी, और हदिू, तांत्रकि और जैन साहत्यि में पाया जाता है।

प्राचीन भूलभुलैया आमतौर पर जमीन पर पत्थरों में चन्हिति होती थी, या फर्श की पच्चीकारी में नमूने की तरह बनी होती थी। बगीचे के पौधों की मेड वाला चक्र-व्यूह पुनर्जागरण काल का आवष्किार प्रतीत होता है।

एक चक्र-व्यूह के वपिरीत, भूलभुलैया का केवल एक पथ होता है (कम से कम सामान्य रूप से) और जहाँ दो या उससे

अधकि पथ प्रवेश के साधन के रूप में होते भी हैं- जैसा कि कुछ वशिष रूप से रचति भूलभुलैया में होता है- कोई भी पथ जसि पर चला जाए, वह भूलभुलैया के केंद्र की ओर ही जाता है। इसका यही आशय है: कोई चति करने की बात नहीं है, सविाय इसके कि पथ पर चलते जाओ और वशि्वास रखो कि वह आपको वहीं ले जाएगा जहाँ आपको जाने की आवश्यकता है।

समझा जाता है कि थसियिस की मनिोटौर पर जीत क्रीट-वासयिों, और बाद में रोम-वासयिों द्वारा नयिमति रूप से भूलभुलैया के सारस नृत्य के रूप में अभनिीत की जाती रही है, और जो यूनानयिों की ट्रॉय में जीत का स्मरण करती है, इसलएि 'ट्रॉय के खेल' के नाम से भी जानी जाती है। यह हमें इसके अतरिक्ति भी भूलभुलैया कसि प्रयोग में लाई जाती थी, उसके उदाहरण देता है- रीति और उत्सव संबंधी प्रयोग के लएि।

कुछ प्रारंभकि ईसाइयों ने थसियिस की कहानी को रूपांतरति कर के नरक के खतरों को दर्शाने के लएि प्रयोग कयिा, जनिका सामना उन लोगों को करना पड़ता है जो एक पथ का अनुसरण नहीं करते। उनका केंद्र से सामना नष्ट होने जैसा था, न कि बचने जैसा। फरि भी यह कहना उचति होगा कि ईसाई यह भी मानते थे कि भूलभुलैया आत्मा के नए यरूशलेम की ओर पथ की एक नीति-कथा है और केवल अधर्मी अपनी यात्रा का नरक में अंत होने की अपेक्षा कर सकते हैं।

यदि इस बात पर वचिार करते हुए देखा जाए कि भूलभुलैया आज कसि-कसि प्रकार से प्रयोग में लाई जा रही है तो उसका यह चति्रण शायद अधकि उपयोगी नहीं होगा। एक तो यह, कि हम भूलभुलैया में इस उम्मीद के साथ नहीं प्रवेश करते कि हमें कसिी दैत्य या अपने अंदर के राक्षस का सामना करना पड़ेगा और न ही यह, कि हम अपना बाहर आने का रास्ता नहीं खोज पाएँगे। चतिन के समय कभी-कभी हमारे अंदर के राक्षस सतह पर उभर कर आ जाते हैं, परंतु अगर वह आते हैं, तो हमें यह जान लेना चाहएि कि इनका सामना करना हमारे अपने भले के लएि ही होगा। यह भी सच

है कि भूलभुलैया शायद हमें अपने प्रतिबिंब को देखने पर मजबूर करे, हमारा वह हिस्सा जिसे हम शायद स्वयं पहचान न सकें, या जिससे हम दूर भागना चाहें। एक बार फिर, अपनी परछाई को पहचानना और उसके साथ सुलह कर लेना हमारे लिए महत्वपूर्ण है, यदि हम विकसित होना चाहते हैं और पूर्ण तरह से संपूर्ण मनुष्य बनना चाहते हैं।

आमतौर पर, रोम-वासियों के समय के बाद से भूलभुलैया को सुरक्षा के स्थान की तरह देखा गया है। वह एक ऐसा स्थान है जो हमें सुरक्षित रखता है, जब हम अपने आंतरिक जीवन के संपर्क में आते हैं। यही बात खड़े हुए पत्थरों के घेरे, वृक्ष-वाटिका और व्यक्तियों के समुदाय के लिए भी सच है- यह सभी एक सकारात्मक ऊर्जा से भरे हुए और करुणा की भावना के द्वारा थामे हुए देखे जाते हैं।

खुशी की बात है कि आज की भूलभुलैया के केंद्र पर पैर पटकते हुए मिनोटौर नहीं होते। यह हमें पराजित करने की जगह होने के बजाय विकास और अन्वेषण की जगह है। जैसा कि हिरमन कर्न ने बहुत उचित कहा है: “एक भूलभुलैया में आप खुद को खोते नहीं हैं। आप खुद को पाते हैं।” [5]

ट्रॉय के शहरों की बाल्टिक भूलभुलैया में क्रीट की शैली की भूलभुलैया (वह प्रकार नहीं जो किसी को फँसाने की कोशिश करती है) के नमूने की छाप देखी जा सकती है। इसके समान और नमूने भी उत्तर अमेरिका और भारत में खोज की गई भूलभुलैया में पाए गए हैं।

इस पैटर्न के उदाहरण जैन, हिंदू, और बौद्ध पांडुलिपियों में पाए जा सकते हैं, साथ ही उन जावा-प्रेस में भी पाए जा सकते हैं जो जावा और अफगानिस्तान के रूप में मिलते हैं। शास्त्रीय

भूलभुलैया A-Ω

ग्रीस के समय से इस तरह के भूलभुलैया की तारीखें, और बहुत स्पष्ट रूप से पूर्वी विश्वासों के लिए ऋषि-महत्व था।

इससे भी पहले की भूलभुलैया मिस्र में खोजी गई हैं, जैसे कि वह जो प्राचीन मिस्र के राजा अमेनेमहेट तृतीय द्वारा स्थापित एक शवगृह मंदिर की सीमा पर पाई गई है। उससे भी पहले मिट्टी की तख्ती पर चित्रित भूलभुलैया नौसोस में पाई गई थी जो लगभग 1400 बी सी की तिथि की है। इससे कुछ बाद का उदाहरण यूनान के राजा नेस्टर के महल के स्थल पर खुदाई में पाई गई एक तख्ती पर है, जो कि भूलभुलैया का सबसे पहला उल्लेख है, और निश्चित रूप से 1200 बी सी के लगभग की तिथि का है। परंतु उत्तर-पूर्वी स्पेन में पोंटेवेद्र की एक चट्टान पर चित्रित की गई भूलभुलैया इससे करीब 800 वर्ष पहले की मानी जाती है, और पुरानी बेबीलोनियन तख्तियों पर पाई गई भूलभुलैया की तिथि उचित निश्चितता से उसी समय के लगभग की समझी जाती है। प्रारंभिक इट्रस्केन उदाहरण भी पाए गए हैं।

जो बात स्पष्ट है वह यह कि भूलभुलैया का इतिहास बहुत लंबा है- शायद अभिलिखित इतिहास जितना लंबा।

शायद यह आश्चर्यजनक नहीं है कि रोम-वासियों ने भूलभुलैया की यदि रहस्यपूर्ण या ब्रह्मांड संबंधी महत्व के लिए नहीं, तो कम से कम उनकी कलात्मक विशेषताओं के दृष्टिकोण से उनकी प्रशंसा की। रोम के काल की बहुत सी पच्चीकारी में भूलभुलैया के विस्तृत नमूने शामिल हैं, जो विशेषतः उसके कोणीय पथ को दर्शाते हैं जिसे पूरा करने के लिए फर्श के एक चतुर्थांश से दूसरे में क्रम से जाना पड़ता है।

रोम के कवि प्लिनी द एल्डर (23/24–79 सी ई) ने अपने प्राकृतिक इतिहास में भूलभुलैया की एक सूची शामिल की है, जिससे यह संकेत मिलता है कि रोमवासियों के लिए भूलभुलैया का आकर्षण सौन्दर्य से कुछ अधिक था (हालांकि प्लिनी की सूची में मुख्य रूप से डराने वाली, भूमि के नीचे की भूलभुलैया हैं)। पश्चिमी रोम के साम्राज्य के पतन के बाद भूलभुलैया का एक

प्रतीक के रूप में महत्व अभी भी इटली और दक्षिणी यूरोप में जीवित है, हालांकि यह चलने वाले पथ के बजाय गिरिजाघरों की दीवारों और स्तंभों की नक्काशी में अधिक पाया जाता है। [6]

प्रतीत होता है कि केल्टिक दुनिया में भूलभुलैया ने एक महत्वपूर्ण भूमिका निभाई है। पश्चिमी इंग्लैंड के ग्लास्टॉनबरी टोर में स्थित सर्पलिन तथा आरोही भूलभुलैया एक ऐसा प्रसिद्ध उदाहरण है जो ऐसी जगह पर स्थित है जिसका भू शकुन संबंधी महत्व है।[7]

इटली के गिरनॉट कंडोलिनी इस भूलभुलैया के महत्व के बारे में उस व्यक्ति का स्पष्टीकरण याद करते हैं जिन्हें वे यूरोप के भूलभुलैया के दौरे पर इस पवित्र स्थल में मिले थे: उसने कहा ""भूलभुलैया माँ के पेट समान है', 'वह गर्भनाल जो पृथ्वी की ओर जाती है'। 'यह महिलाओं का नृत्य है' एक महिला ने कहा, 'और आप पुरुष इसे कभी नहीं समझ पाएँगे'"।[8] अगर यह सच है कि भूलभुलैया "पृथ्वी का एक प्रतीक है, आत्मा का गर्भ है, और एक नृत्यस्थल है", जैसा कि एक अन्य पर्यवेक्षक ने कंडोलिनी को उसकी ग्लास्टॉनबरी की यात्रा के दौरान बताया, तो हम यह उचित रूप से कह सकते हैं कि भूलभुलैया का हमें उस धरती के साथ जोड़ने में एक प्रभावशाली योगदान है जिस पर हम चलते हैं, जो हमें वह सब कुछ प्रदान करती है जो हम खाते हैं और हमारे घरों का निर्माण करने के लिए एक स्थायी स्थल देती है- धरती माँ या गाइअ।

अमेरिका में लेबरिंथि का इतिहास एक बड़े पैमाने पर अनकही कहानी को फिर से बताता है। ब्राजील, दक्षिण अमेरिका में चित्र खोजे गए हैं, जबकि अठारहवीं शताब्दी के ऑन-वार्ड से मूल अमेरिकी लोगों के इतिहास में कई उल्लेख हैं। कई दक्षिणी-पश्चिमी राज्यों-विशेष रूप से न्यू मेक्सिको और अरी-ज़ोना-में लेबरिंथि पेट्रोग्लफ़िस की विशेषता उत्तरी अमेरिका में पाए जाने वाले लाबी-रिंथों के शुरुआती संदर्भों में है।एक भूलभुलैया के

धरती माँ या जीवन के दाता होने की अवधारणा उत्तरी अमेरिका के अभविदनो में पाई गई है। अध्यात्मकि पुनर्जन्म और एक दुनिया से दूसरी दुनिया में गुजरने की प्रक्रयिा होपी लोगों द्वारा भूलभुलैया के प्रतीकात्मकता में महत्वपूर्ण मानी जाती है।

शास्त्रीय भूलभुलैया की उल्लेखनीय ववििधिताएँ मूल अमरीकी चति्रों और टोकरी कला में सचति्र पाई जाती हैं, जसिमें दो प्रवेशद्वार वाली चकोर भूलभुलैया, और एक ऐसा नमूना जो कि शास्त्रीय भूलभुलैया के घुमावदार पथ और मकड़ी की टांग जैसी दखिने वाली वकृित को संयुक्त करता है, वह भी शामलि है। (नीचे दयिा गया चति्र देखें)

शास्त्रीय डजािइन की एक अनोखी ववििधिता प्रदर्शति करते हुए, 1920 की पीमा टोकरी में बुनी गई एक भूलभुलैया का उदाहरण

आज के समय में भूलभुलैया

तो अब हम वर्तमान के समय में आते हैं। ऐसा माना गया है कि पछिले 20 वर्षों में जो भूलभुलैया बनाई गई हैं, वे पूरे मानव

इतहिास में बनाई गई भूलभुलैया से अधकि हैं। कुछ हद तक यह आश्चर्यजनक नहीं है- वशि्व की जनसंख्या पछिले लगभग 100 वर्षों में बहुत तेजी से बढ़ी है और नशि्चति रूप से हमारे पास अब उठा कर ले जाए जा सकने वाली कलाकृतयिों को बनाने के अपने पूर्वजों से कहीं अधकि कारगर साधन हैं, और उनके बारे में जानकारी देने के लिए भी।

रेवरेंड डॉ लॉरेन आर्ट्रेस ने अपनी पुस्तक *वॉकगि अ सेक्रेड पाथ* (एक पवति्र पथ पर चलना) में सैन फ्रांससि्को के ग्रेस कैथेड्रल की भूलभुलैया में अभूतपूर्व रुचि का वर्णन कयिा है, जसिको वर्ष 1991 की पूर्व संध्या से पहले जनता के लिए खोला गया था।

इस कार्यक्रम का उल्लेख एक समाचार लेख में कयिा गया था, परंतु कोई भी यह पूर्वोमान नहीं लगा सकता था कि नॉब हलि पर स्थति उस महान गरिजिाघर के बाहर शाम 6:00 बजे से आधी रात तक कतार बन जाएगी। “भूलभुलैया को सामान्य जन के लिए खोलना, एक बांध के जलद्वार खोलने जैसा था”, आर्टस याद करतीं हैं। [9] “'इस को थामने का कोई तरीका नहीं था; ना ही वापस जाने का। यह सब कुछ पहले जैसा कभी नहीं होने वाला था।”

यह शब्द कतिने सही साबति हुए हैं। ग्रेस कैथेड्रल की उस भूलभुलैया की इतनी लोकप्रयिता थी कि आर्टस को जल्द ही अपनी भूलभुलैया में चलने की सेवा को संयुक्त राज्य के अन्य लोगों और पूरी दुनयिा भर में भी लाने को कहा गया।

ग्रेस कैथेड्रल की भूलभुलैया की नई बात यह थी कि उसमें एक वहनीय तरिपाल का प्रयोग कयिा गया था- एक ऐसी तरिपाल जसिे एक स्थान से दूसरे स्थान ले जाया जा सकता था, आवश्यकता अनुसार खोलकर बछिाया जा सकता था और फरि उसे लपेट कर रख दयिा जा सकता था, जसिसे कि जसि स्थान का वह प्रयोग कर रही थी उसका प्रयोग कसिी और प्रयोजन के लिए हो सके। लॉरेन आर्टस के उद्यम और नए युग के शक्षिक

भूलभुलैया A-Ω

डॉ. जीन हॉउस्टन की पूर्व प्रेरणा के माध्यम से भूलभुलैया को एक बार फिर एक जानी- मानी चिकित्सा, ध्यान, चिंतन, समुदाय निर्माण, शांति बनाए रखने, और कई अन्य उद्देश्यों के लिए प्रयोग की जाने वाली जगह के रूप में स्थापित किया गया।

वहनीय भूलभुलैया को कई समुदाय या समूहों के साथ साझा किया जा सकता है और किराए पर दिया जा सकता है। अमेरिका में हर ओर भूलभुलैया जैसी पहल इस नवरचना के बिना मुमकिन नहीं थी, इसमें स्पष्ट रूप से एक ऐसी भूलभुलैया की आवश्यकता थी जिसे एक स्थान से दूसरे स्थान तक पहुँचाया जा सके। फिर भी, बहुत से स्थानों पर स्थाई भूलभुलैया का निर्माण भी हुआ है। कुछ पत्थर, ईंट या स्लेट से बनी हुई हैं, कुछ अन्य रबड़ के मैट एक दूसरे के साथ बाँध कर बनाई गई हैं; कुछ को घास में कटाई करके बनाया गया है और कुछ पेड़ के ठूंठ से चिन्हित की गई हैं।

उनके लिए जो यात्रा कर सकते हैं, या जो ऐसे स्थानों के पास रहने का सौभाग्य रखते हैं, हमारे पूर्वजों द्वारा बनाई गई भूलभुलैया पर अभी भी बहुत से स्थानों पर चलना संभव है- जैसे कि एसएक्स (यूनाइटेड किंगडम) में सैफरन वाल्डेन में विशाल टर्फ भूलभुलैया, जर्मनी की डाम्म प्रायरी की वन्य भूलभुलैया और निश्चित रूप से, शारत्र गिरिजाघर और उत्तरी यूरोप के अन्य गिरिजाघरों के फर्श को सुशोभित करती हुई भूलभुलैया।

हाल ही के उदाहरणों में सैन फ्रांसिस्को के लैंड्स एन्ड में स्थित प्रशांत महासागर की ओर देखती हुई 11 परिपथ वाली भूलभुलैया, साउथ अफ्रीका के अमाटोले पर्वत में स्थित द एज की भूलभुलैया, और हॉउस्टन टेक्सास में सेंट थॉमस विश्वविद्यालय के संस्थापन शामिल हैं। हो सकता है कि आपके घर के निकट भी कोई भूलभुलैया हो? या शायद आप ही एक नई भूलभुलैया को एक घर देने वाले हों?

अध्याय 2

भूलभुलैया क्यों?

यदि भूलभुलैया विश्व भर में इतने अधिक स्थानों पर पाई जाती है, उनका इतना लंबा इतिहास है, और कई हजार लोगों ने आज उन पर चलने की चाह के लिए एक वास्तविक उद्देश्य पाया है, तो हम यथोचित पूछ सकते हैं कि भूलभुलैया का इतना आकर्षण क्यों है। वास्तव में एक भूलभुलैया पर चलने का उद्देश्य क्या है, और जब कोई व्यक्ति उसके पर कदम रखता है तो उसे क्या होता है?

जैसा कि भूलभुलैया के इतिहास की हमारी संक्षिप्त यात्रा से शायद स्पष्ट हो चुका होगा, भूलभुलैया के आकर्षण के लिए किसी एक उद्देश्य को जिम्मेदार नहीं ठहराया जा सकता। भूलभुलैया को विभिन्न प्रकार से जश्न मनाने के लिए प्रयोग किया जाता था (जैसे कि सारस नृत्य जिसे थिसियस की मिनोटौर पर विजय पाने की याद में किया जाता है) प्रार्थना और तैयारी के लिए एकत्रित होने के स्थान के लिए (जैसे कि स्कैंडिनेविया के मछुआरों द्वारा जो कि अपने जोखिम भरे कार्य के लिए सुरक्षा

मांगने आते थे) और तीर्थ यात्रा के लिए एक मार्ग के रूप में (जैसे कि उन अनेक तीर्थ-यात्रियों द्वारा जो कि शारत्र की महान भूलभुलैया और अन्य जगहों पर स्थिति भूलभुलैया में आते थे)।

भूलभुलैया को ऐसा स्थान होने का भी श्रेय दिया गया है जहाँ खेल खेले जाते थे, पवित्र रस्मों को संचालित किया जाता था, और पुराने शत्रु अपनी शत्रुता को मिटाने के लिए आते थे।

सबसे महत्वपूर्णता से- और निस्संदेह आधुनिक समय में इसकी लोकप्रियता का कारण- संभवतः कई सहस्राब्दियों से लोग यहाँ बस भूलभुलैया पर उसके आलिंगन को पाने के लिए, अपनी रोजमर्रा के जीवन की चिंताओं से दूर होने के लिए और 'बस अपने अस्तित्व का हिस्सा होने' के लिए आते हैं।

'बस अपने अस्तित्व में होने' की अवधारणा के बारे में आजकल अक्सर बोला जाता है, और इस विचार को विचित्र या अतिसामान्य कहकर खारिज करना काफी आसान है।

मेरे लिए, स्वयं को 'बस होने' की अनुमति देने का अर्थ है जो घटनाएँ घट चुकी हैं, और जो बातें हो सकती हैं, उन पर अपना ध्यान केंद्रित होने से रोकना। इसका अर्थ है कि कुछ करने के विचार को छोड़ना, चाहे वह केवल एक क्षण के लिए ही क्यों न हो- बस, केवल इस बात के प्रति सचेत रहना कि हम जीवित हैं और सांस ले रहे हैं। इसका अर्थ यह भी है कि इस वर्तमान के क्षण में वास्तव में होना और यह अनुभव करना कि इसमें क्या हो रहा है- जैसे कि पृष्ठभूमि में से गुजरने वाली आवाजों पर ध्यान देना, अपनी त्वचा पर हवा के बहाव को महसूस करना, या बस यह देखना कि हम कैसे खड़े हैं (या फिर जिस भी अवस्था में हम हैं) और हमारा धरती से इस समय कैसा संबंध है।

'होने' का अर्थ है इस बात से अवगत होना कि हम एक शरीर में निवास करते हैं और हमारा एक आंतरिक जीवन भी है। हम अपने शरीर को ग्रहण करने के लिए खोल कर, और अपने भीतरी मूल भाग को खोज कर जब सांस लेते हैं, तो भूलभुलैया हमें इस गहन

जीवन के साथ संबंध बनाने में सहायता करती है जसि पर अधकितर हम बहुत कम ध्यान देते हैं।

दलिचस्प बात यह है कजिब हम स्वयं 'होने' के क्षणों का अनुभव करते हैं, जो काफी दुर्लभ और क्षणभंगुर हो सकते हैं, हम भौतकि समय के एहसास को जैसे खो देते हैं। जो हमें एक पल जैसा लगता है, वह, जब हम बाहर आकर अपनी घड़ियों को देखते हैं, वास्तव में काफी लंबा समय हो सकता है। इसके वपिरीत, जो बहुत लंबे समय में होता हुआ महसूस होता है, शायद पारंपरकि घड़ी के हसिाब से केवल कुछ मनिटों का ही समय हो सकता है।

चलना अक्सर हम में एक नई प्रकार की जागरूकता को लाता है- न केवल वह, जसिमें समय के सामान्य नयिम लागू नहीं होते, परंतु वह भी, जसिमें हम स्वयं को एक अलग ही स्थतिमिें महसूस करते हैं।

जैसा कलिॉरेन आर्टस ने कहा है, "जब हम भूलभुलैया के पथ पर चलते हैं तो एक नई दुनयिा हमारा स्वागत करती है। यह दुनयिा हमारे शरीर और मन के बीच की दरारों और वभिाजनों से छलनी नहीं होती। इस अनुभव में यथार्थ का एक नया एहसास बुना हुआ होता है। [10] इटली के भूलभुलैया उत्साही गरनॉट कंडोलनिी ने इसी प्रकार की बात सामने रखी है: "जैसे-जैसे एक व्यक्ति चलता [चलती] है, वह अपनी आत्मा की आवाज को सुनना सीखता [सीखती] है।" [11]

भूलभुलैया में चलने में इस प्रकार के क्षण शामलि हो सकते हैं- कुछ इसलएि, क्योंककितिना समय बीत रहा है, हमने उसकी चतिा न करने का नर्णिय लयिा है, परंतु मैं समझता हूँ, इसलएि भी, क्योंकजिब हम पूरी तरह से स्वयं होने के बारे में सचेत होते हैं, तो कुछ आध्यात्मकि होता है। यह, समझाने में कठनि, उन में से एक ऐसी बात है जो अक्सर ध्यान के कसिी रूप में होती है (और भूलभुलैया में चलना ध्यान करने का एक तरीका है)।

हमने भूलभुलैया में चलने के कई आम कारणों का उल्लेख कयिा है- जसिमें प्रेरणा, आश्वासन, और मार्गदर्शन प्राप्त

करना शामलि हैं। कसिी वशिेष प्रश्न को मन में रखकर एक भूलभुलैया में प्रवेश करना असाधारण नहीं है, शायद कसिी ऐसी चीज़ के बारे में जो आपको परेशान कर रही हो, या जब आपको यह नरि्णय लेने की आवश्यकता हो कि आपको आगे बढ़ने के लिए कसि मार्ग को अपनाना है।

जब आप भूलभुलैया के केंद्र की तरफ मन में एक प्रश्न को रखकर चलते हैं, परन्तु उसका वश्लिेषण नहीं करते या अलग-अलग वचिारों को अपने मस्तष्कि में उलट-पुलट नहीं करते रहते, तो एक नए वचिार का आना या फरि प्रेरणा मलिना असामान्य नहीं है। यह सदा चलने के दौरान हो, ऐसा आवश्यक नहीं है, परंतु यह आपकी जागरूकता में कुछ समय पश्चात आ सकता है, अक्सर तब, जब आप इसकी अपेक्षा बल्कुिल न कर रहे हों।

यहाँ जो हो रहा है, उसके बारे में मनोवैज्ञानकिों का कुछ कहना हो सकता है, खासकर से वे लोग जो महान स्वसि मनोवैज्ञानकि कार्ल जंग की शक्षिा का समर्थन करते हैं। जंग के अनुयायियों का सुझाव हो सकता है कि जब कोई व्यक्ति खुद को अपनी अक्सर बहुत व्यस्त जागरूक सोच से अलग करता है, तो वह अपनी चेतना में उन चीज़ों को लाने के लिए बेहद संवेदनशील हो जाता है, जो साधारणतः उसके अवचेतन मन में ही रहती है। उन्होंने प्रस्ताव दयिा है कि जब हम अपने अंदर गहराई से देखते हैं, तो हम में असीमति ज्ञान तक पहुँचने की क्षमता है- और हम सामूहकि अचेतन का प्रयोग कर सकते हैं, अर्थात ज्ञान और अनुभव का भव्य भंडार और जीवन की रूपरेखा या वह योजना जो हर मनुष्य को उपलब्ध है।

इसलिए, यदि हम अपने सीमति वश्लिेषणात्मक दमिाग पर नरि्भर न रहकर पूरे इतहिास के सामूहकि ज्ञान पर भरोसा करते हैं तो यह आश्चर्यजनक नहीं होगा कि जब हम भूलभुलैया में प्रवेश करते हैं तो हमारे मन में अप्रत्याशति वचिार आने लगते हैं।

यह कुछ मनोवैज्ञानिकों द्वारा दिया गया स्पष्टीकरण हो सकता है परंतु कुछ विश्वास परंपराओं के अनुयायी शायद यह कहना पसंद करेंगे कि जब हम अपने अहंकारी दिमाग को शांत कर देते हैं तो हम अपने 'दिल के साथ संबंध जोड़ पाते हैं', या 'ईश्वर/ दिव्य/ सत्य स्रोत के संपर्क में आते हैं'। ऑस्ट्रेलियाई पत्रकार और भूलभुलैया के शोधकर्ता वर्जीनिया वेस्टबरी चिन्हांकित करती हैं कि भावना, ह्रदय, संबंध और अस्मिता ही वे अवधारणाएँ हैं जो हमारे भूलभुलैया के प्रति वर्तमान आकर्षण के पीछे हैं। [12]

मुझे नहीं लगता है कि इस से कोई फर्क पड़ता है कि किस का स्पष्टीकरण सही है, और जब कि बहुत से लोगों के अनुभव उन्हें एक या दूसरी तरफ की बात मानने पर राजी कर लेते हैं (जिसमें मैं भी शामिल हूँ), ध्यान करने या भूलभुलैया में चलने के समय प्रेरणा व मार्गदर्शन कहाँ से आता है, यह अभी तक आनुभविक रूप से सिद्ध नहीं किया जा सका है।

फिर भी मुझे लगता है कि जंगीय विचारकों द्वारा उन्नत एक अन्य विचार की संभावना पर गौर करना काफी लुभावना है- *आद्यरूप* की धारणा। आद्यरूप व्यवहार के वह नमूने हैं, या- अगर आप अधिक सही समझें- तो जीवन के वे आदर्श, जो अचेतन में विद्यमान हैं।

जैसा कि सामूहिक अचेतन की अवधारणा के साथ है, आद्यरूप हमारे विस्तृत डीएनए का हिस्सा हैं- हम जीवन की इस अनंत मूल योजना तक पहुँचने की क्षमता और प्रवृत्ति दोनों के साथ पैदा हुए हैं, जिसने हमारे पूर्वजों का मार्गदर्शन किया और अब हमारा भी कर सकती है। उदाहरण में शामिल है वह नायक जो प्रबल और सक्षम होना चाहता है; वह जादूगर जिसका आदर्श वाक्य है कि हम अपने जीवन का निर्माण अपनी कल्पना की दृष्टि से करते हैं; और वे प्रज्ञ नर या नारी जिनका तजुर्बा और परिपक्व उन्हें अखण्डता तक लाता है।

कुछ लोग कहते हैं कि भूलभुलैया स्वयं ही एक आद्यरूप है, भले ही यह एक ऐसी चीज़ है जिसे हम न केवल देख सकते हैं, बल्कि उस पर चल भी सकते हैं। शायद यही महान माँ या गाइअ की प्रतिनिधि है, वह असीम और जटिल जीव जिसे पृथ्वी कहा जाता है, और जिसके हम जीवित और विस्तारपूर्वक जुड़े हुए हिस्से हैं।

दूसरों के लिए भूलभुलैया का ब्रह्माण्ड-संबंधी महत्व है, शायद यह अपनी सभी विविधिताओं और प्रतीत होते हुए व्यक्तिगत प्रत्यक्षीकरण, और सदा विकसित होते हुए जीवन के साथ, स्वयं ब्रह्मांड का ही प्रतिरूप है, जिसकी विविधिताएँ किसी तरह से संबंधित हैं, और जो उस स्थान पर विलीन होकर एक हो जाती हैं जिस की संकल्पना हम शायद एक सार्वजनिक केंद्र की तरह करते हैं।

परंतु हम स्वयं से आगे निकल रहे हैं। भूलभुलैया किस का निरूपण करती है और किस का नहीं, यह महत्वपूर्ण नहीं है। हमें यह जानने की आवश्यकता नहीं है कि जब हम चलते हैं तो प्रेरणा क्यों आती है, न ही यह कि हम क्यों शांत और सांसारिक समय से स्वयं को अलग महसूस करते हैं। हमें केवल स्वयं में 'होने' की, और यह विश्वास करने की आवश्यकता है कि भूलभुलैया अपना जादू दिखाएगी।

भूलभुलैया की खूबसूरती इसमें भी है कि कोई नहीं जानता कि यह कहाँ से शुरू हुई, और यह क्यों विश्व के इतने विभिन्न हिस्सों में पाई जाती है, न ही क्यों इतने सारे लोग इसमें चलते हुए इतने अद्भुत अनुभव करते हैं। जब हम उसके आलिंगन की तरफ बढ़ते हैं, मैं समझता हूँ कि हम किसी पवित्र चीज़ की तरफ बढ़ रहे हैं, एक ऐसी चीज़ जिसमें रहस्य और शक्ति है।

मुझे लगता है यह उचित है कि यह इसी तरह से होना चाहिए। हमें यह उम्मीद रखने की आवश्यकता नहीं होनी चाहिए कि भूलभुलैया इतनी आसानी से अपने रहस्य उगल देगी। हमें केवल इस पर चलने की आवश्यकता है और- यदि हम कर सकें- तो कुछ

समय के लिए अपने अहंकार के सत्य के प्रारूप पर अपने भरोसे को छोड़ देने की आवश्यकता है।

अल्फ़ा और ओमेगा

मेरे लिए, भूलभुलैया एक व्यक्ति के 'प्रारंभ और अंत' का प्रतीक है या जिसे हम कह सकते हैं एक व्यक्ति के जीवन के, यूनानी भाषा की वर्णमाला के हिसाब से 'अल्फा और ओमेगा' का, तथा उसके एक सम्पूर्ण में एकीकरण हो जाने का- किसी व्यक्ति का एक मूल-तत्व के अंदर विलीन हो जाना। निश्चित रूप से, भूलभुलैया के केंद्र पर पहुँचने पर, और यह देख कर कि मैं अपने आसपास सदा बदलते हुए चलने वाले व्यक्तियों के समूह का एक हिस्सा हूँ, मुझे ऐसा ही बोध होता है।

यदि 'अल्फा' एक अहंकारी व्यक्ति है (कुछ उसी तरह जैसे कि 'अल्फा पुरुष' एक ऐसे व्यक्तित्व का वर्णन करता है जो कि किसी भी समूह में सदैव हावी होना चाहता है) तो फिर 'ओमेगा' एक समस्त है, एक सच्चा स्व और किसी भी व्यक्ति का उत्थान।

केंद्र एकीकरण का एक स्थान है: एक ऐसी जगह जहाँ थोड़ी देर आराम किया जा सके और आसपास क्या हो रहा है उस में पूर्ण रूप से तल्लीन हुआ जा सके। उचित रूप से, शायद ग्रीक अक्षर ओमेगा का अंग्रेजी में अनुवाद 'एक बड़े ओ' या गोलाकार की तरह किया जा सकता है- और भूलभुलैया के अंदर की जगह का वर्णन करने का यह एक तरीका मुझे पसंद है। इसके अलावा, मेरा दृष्टिकोण मेरे रहस्यवाद और आध्यात्मिकता में रुचि की वजह से पक्षपाती है। भूलभुलैया की शक्ति का यह केवल एक संभावित स्पष्टीकरण है।

पथ पर अनुभव

तो फिर जब आप भूलभुलैया में कदम रखते हैं तब क्या होता है?

सीधे शब्दों में: ऐसा कोई एक सार्वजनिक अनुभव नहीं है जो हर बार चलने पर होता हो। अलग अलग लोगों को अलग समय पर विभिन्न प्रकार के अनुभव होते हैं, और साथ ही, एक ही व्यक्ति को अलग बार चलने पर अलग अनुभव होते हैं। हर बार चलना पहली बार जैसा है, हर बार का चलन अनोखा है।

मैं अपने स्वयं के चलने के उदाहरण का वर्णन करने का प्रयास करता हूँ, हालांकि मुझे सावधानी से इस बात पर जोर देना होगा कि इसको किसी भी प्रकार से शायद 'आदर्श' नहीं कहा जा सकता। आखिर सभी का चलना अनोखा होता है! मिसाल के उद्देश्य से, मैं भूलभुलैया में तब चलने का उल्लेख कर रहा हूँ जब उसकी मेज़बानी एक सुकारक द्वारा की गई थी, बजाए एक ऐसी भूलभुलैया में चलने के जो हर समय चलने के लिए उपलब्ध है।

मैं अक्सर भूलभुलैया की तरफ अपने मस्तिष्क में चलते हुए असंख्य विचारों को छोड़ने के विचार से जाता हूँ- उसे एक ध्यान लगाने के स्थान की तरह देखते हुए, और उसको स्वीकार करते हुए जो मेरी तरफ चित्रों, विचारों और भावनाओं के माध्यम से आता है। दूसरे शब्दों में, मेरा केंद्र की तरफ पथ किसी पूर्वचिंतित विशिष्ट प्रश्न या इसकी अपेक्षा के साथ नहीं होता कि मेरा अनुभव कैसा होगा। मैं बस खुद को छोड़ देता हूँ, यह जानते हुए कि शायद पूरे दिन में ऐसा करने का यही एक अवसर होगा।

जहाँ पर ऐसा अवसर मौजूद हो, मैं आमतौर पर भूलभुलैया के खुलने के बाद थोड़ी प्रतीक्षा करता हूँ, जब तक कि मेरा उस पर कदम रख कर चलना सही महसूस नहीं होता। मुझे कदम रखने के लिए प्रोत्साहित करने के लिए शायद हल्का सा आवेग ही काफी होगा, परंतु यह धक्का अक्सर मेरे अंदर से आता है, मेरे द्वारा सोच कर और जानबूझकर किया हुआ नहीं...मैं अक्सर ऐसी परिकल्पना नहीं करता जैसे कि 'अब मैं देख सकता हूँ कि मेरे आगे चलने वालों में एक फासला नजर आ रहा है, इसलिए अब यह मेरे कदम बढ़ाने का सही समय है!'

भूलभुलैया A-Ω

बेशक, एक या अनेक व्यक्तियों को उसी समय भूलभुलैया पर कदम रखने की इच्छा हो सकती है जब मुझे होती है। ऐसे समय में मैं कतार में अपनी जगह ले लूँगा, जब तक कि भूलभुलैया के मेज़बान मुझे उस पर कदम रखने के लिए न कहें। फिर भी, मैं भूलभुलैया के प्रवेश स्थान के बाहर एक क्षण के लिए कदम बढ़ाने से पहले रुकना पसंद करता हूँ। यह मुझे इस बात को स्वीकारने का समय देता है कि मैं जिस स्थान से आ रहा हूँ, उससे एक अलग स्थान के अंदर कदम रखने जा रहा हूँ- भूलभुलैया के लिए सम्मान का एक चिन्ह, कुछ उसी तरह ही जैसे कि रोमन कैथोलिक चर्च के एक भक्त गिरिजाघर की वेदी की तरफ बढ़ते हुए अपने हाथ से ईसाई धर्म का क्रॉस का चिन्ह बनाते हैं।

मेरा मानना है कि जब हम भूलभुलैया में पहला कदम रखते हैं, तो हम एक दहलीज़ को पार कर रहे होते हैं। यह एक *अवसीमिय* स्थान में कदम रखने जैसा है कि नहीं (एक ऐसा स्थान जहाँ हम अपना परिचित सब कुछ पीछे छोड़ आए हैं, परंतु अभी यह नहीं जानते कि जिस नई स्थिति में हम जा रहे हैं, वहाँ हमें क्या मिलेगा), मैं यह नहीं जानता, परंतु मेरे लिए भूलभुलैया में कदम रखना बाहर की दुनिया को पीछे छोड़ देने जैसा है।

एक दहलीज़ को पार करने की अवधारणा स्वयं में ही एक और उद्देश्य है जिसके लिए भूलभुलैया का प्रयोग किया गया है। किसी विधि की रस्म की तरह एक सीमा के पार कदम रखना, या फिर किसी वास्तविक ढांचे या रचना, जो कि एक सीमा का प्रतीक है, के आर-पार या उसके नीचे से निकलना, अक्सर जीवन के एक नए चरण में जाने की प्रतिबद्धता का प्रतीक है।

किसी महत्वपूर्ण घटना को चिन्हित करने वाले समारोह- जैसे कि जहाँ एक युवक या युवती किशोरावस्था से वयस्कता में प्रवेश करते हैं- किसी ऐसी सीमा का सामना करना और फिर उसके ऊपर से कदम रख कर दूसरी तरफ बढ़ जाना किसी व्यक्ति के अपने जीवन के एक नए अध्याय में नई जिम्मेदारियों को ग्रहण करने की तैयारी का सूचक है। उदाहरण के तौर पर, अफ्रीका की

कुछ जनजातियों में कशिोरों का वयस्कता में प्रवेश करने के समय के दीक्षा संस्कार को एक भूलभुलैया के नृत्य में वधिबिद्ध कयिा गया है (जैसे कवेिंदा लोगों की युवतयिों द्वारा कयिा गया *डोम्बा नृत्य*)।

फलस्वरूप, भूलभुलैया जीवन के महत्वपूर्ण परविर्तन काल को चन्हिति करने वाली रस्मो में एक शक्तशािली भूमकिा नभिा सकती है।

भूलभुलैया में कदम रखना आमतौर पर जीवन के एक चरण से दूसरे चरण में जाने के साथ सम्बंधति नहीं है, परंतु मेरा वशि्वास है कि प्रत्येक चलन इस संभावना को स्वीकार करने के साथ जुड़ा है कि आप में कसिी प्रकार का कोई बदलाव आएगा, भले ही यह तुरंत स्पष्ट न हो।

मैं उसी गति से चलता हूँ जो मुझे सही लगती है। इस पथ पर चलना कोई दौड़ नहीं है और शायद कभी-कभी, जैसा कि गिरनॉट कंडोलनिी ने कहा है, "जो जल्दी-जल्दी यात्रा करते हैं, अक्सर केंद्र की तरफ ध्यान दिए बनिा ही उसके साथ से गुजर जाते हैं।" [13]

मैं 'नर्म आँखें' बनाए रखता हूँ, या फरि ऐसा कहें कि एक ऐसी नजर, जो कसिी भी चीज़ पर अधिक दृढ़ता से टिकी हुई नहीं है। सामान्य रूप से मैं अपनी परधिीय दृष्टि में वभिन्नि पथों के बारे में मंद रूप से अवगत होता हूँ जनि पर मेरे आसपास के अन्य व्यक्ति चल रहे हैं, और मैं यह ध्यान देता हूँ कि मैं अपने पैरों को कहाँ रख रहा हूँ, परंतु, इसके अतरिक्ति, मेरे ध्यान का केंद्र अक्सर मेरे अंदर होता है। मैं केंद्र पर पहुँचने के बारे में सोच भी नहीं रहा होता और इससे कोई फर्क नहीं पड़ता कि मैं ऐसा कर पाता हूँ या नहीं। यात्रा महत्वपूर्ण है, गंतव्य तक पहुँचना नहीं।

कई बार मेरी गति तेज हो सकती है, और कई बार धीमी। कभी-कभी मुझे ऐसा लगता है कि मैं कुछ देर आराम करना चाहता हूँ और अपने शरीर में से अपने सांस के आने-जाने पर ध्यान केंद्रति करना

चाहता हूँ, या फरि अपने पैरों के जमीन के साथ मजबूत संबंध से अवगत होना चाहता हूँ- कुछ ऐसी ही चेतना जैसे कि एक पेड़ अपनी जड़ों को धरती के नीचे मजबूती से जमाए रखता है।

कुछ भूलभुलैया, जैसे शारत्र की भूलभुलैया, ऐसी बनावट की होती हैं जनिमें ऐसे स्थान होते हैं जहाँ पर भूलभुलैया के पथ से कुछ समय के लिए बाहर नकिलना संभव है। यह वशिषताएँ, जैसे कि दुधारी कुठार का आकार जो शारत्र के नमूने में देखा जा सकता है, जसि *लैबरस* कहते हैं, ऐसे स्थान होते हैं जहाँ पर कुछ समय के लिए दूसरे चलने वालों को बाधति कएि बनिा खड़े होना, बैठना या घुटने टेकना संभव है।

फरि भी, कसिी अन्य व्यक्तिके साथ से होकर गुजरना या कसिी से आगे नकिलना, या कसिी और का आप से आगे चले जाना, भूलभुलैया की सुंदरता का एक और पहलू है। बेशक, भूलभुलैया में अकेले चलना संभव है, परंतु जब दूसरे व्यक्ति आपके साथ इस स्थान को साझा करते हैं तो अक्सर यह अवज्ञिता के कुछ ऐसे वशिष क्षणों का सृजन करता है जहाँ हम सभी एक बड़े संपूरण का हसि्सा हैं। अन्य लोगों के साथ भूलभुलैया में चलने में कुछ वशिष शक्तिऔर तेज है।

अक्सर कहा जाता है कि भूलभुलैया जीवन की एक उपमा है- कि लोग अपने स्वयं के जीवन पथ का अनुसरण कर रहे हैं परंतु हम सभी एक ही गंतव्य की ओर बढ़ रहे हैं (व्यक्तिके रूप में अपनी पूरण क्षमता का वकिास करने, अपने रोजमर्रा के जीवन के कष्टों से बचने, या प्रबोध को पाने)। जीवन की यात्रा में नशि्चति रूप से हम औरों का सामना करते हैं- कभी हमारी तरफ आते हुए, कभी हमारे साथ से गुजरते हुए, और कभी-कभी हमारे ध्यान की परखिा पर प्रकट होते हुए। इस प्रकार का आमना-सामना भूलभुलैया में भी होता है, परंतु शब्दों के आदान-प्रदान या वाद-ववािद के बनिा।

हम नहीं जानते कि दूसरे अपने चलन के दौरान क्या अनुभव कर रहे होंगे, उनके मन में कौन से वचिार होंगे- हम केवल इस बात से

सचेत हैं कि हम सभी अपनी गति से, और अपने तरीके से आगे बढ़ रहे हैं।

यदि भूलभुलैया रोजमर्रा की जिंदगी का एक नमूना है तो यह पूरे जीवन-चक्र का प्रतीक भी समझा जा सकता है- प्रवेश के स्थान पर जन्म से लेकर, मरण से गुजरते हुए, केंद्र में सोच और व्यवहार के पुराने तरीकों तक, और फिर भूलभुलैया से बाहर निकलना, जैसे कि पुनर्जन्म हुआ हो।

इसे भूलभुलैया के प्रतीकवाद के एक पहलू के बारे में सोचने का अनन्य रूप से ईसाई तरीका समझा जा सकता है। फिर भी, जीवन को एक मृत्यु और पुनर्जन्म के चक्र की तरह देखने का विचार पूर्वी परंपराओं और नास्तिक सोच में भी अच्छी तरह से जुड़वत है। उदाहरण के तौर पर, हिंदू, बौद्ध और ड्रयूड परंपराओं में। इस प्रकार से, ड्रयूड लोगों के लिए एक गोलाकार स्थान ऋतुओं के चक्र का भी प्रतीक है, जिसका बाहरी किनारा पृथ्वी के ग्रहपथ का प्रतीक है और इसका केंद्र सूर्य का, जो पृथ्वी पर पूरे जीवन का स्रोत है।

मैं अक्सर दूसरों के बारे में सचेत तब होता हूँ जब मैं भूलभुलैया की बाहरी परिक्रमा पर चल रहा होता हूँ। मेरा प्रेक्षण यह है कि मैं अक्सर वह व्यक्ति होता हूँ जो काफी हद तक अपने जीवन के किनारों पर रहता है, अक्सर अपने एकांत में संतुष्ट महसूस करता है, परंतु इस बात से सांत्वना लेते हुए कि वास्तव में मैं अकेला नहीं हूँ।

मेरी चलने की गति अक्सर बाहरी सीमा वाली परिक्रमा में तीव्र हो जाती है- मैं नहीं जानता कि ऐसा क्यों हो सकता है, परंतु इसका संबंध शायद केंद्र की तरफ एक वेग बटोरने से है, अक्सर तब जब मेरे सामने एक 'साफ़ सड़क' हो। निश्चित रूप से, स्वयं जीवन में ऐसे समय शामिल हैं जब हम काफी गति से आगे बढ़ रहे होते हैं, और ऐसे भी जब हम धीमा महसूस कर रहे होते हैं। इस प्रकार के छोटे-छोटे विचार जो एक चलन में साथ हो सकते हैं, ऐसे

भूलभुलैया A-Ω

चतिन के उदाहरण हैं जो उस समय सतह पर आते हैं परंतु सामान्य रूप से जन्हिें हम अनदेखा कर देते हैं।

गोलाकार दशिा में चलने में कुछ ऐसा है जो ऊर्जा का प्रवाह उत्पन्न करता है। प्रसद्धि रूप से चार्ल्स डार्वनि अपने कैंट के बगीचे में एक गोलाकार रेत के पथ पर चलते थे, जहाँ कहा जाता है कि उन्होंने जातयिों के उद्भव के बारे में अपने वाद का गठन कयिा। ऐसा प्रतीत होता है कि यह क्रयिा उन्हें उनके वचिार बनाने में बहुत लाभदाई साबति हुई।

इसी प्रकार से भूलभुलैया का एक आधुनकि प्रयोग समस्या हल करने के लएि भी है। उदाहरण के लएि, सगि लॉनग्रेन ने एक ऐसी तकनीक का वर्णन कयिा है जसिमें भूलभुलैया की प्रत्येक परक्रिमा एक अलग प्रश्न पर वचिार करने के लएि प्रयोग की जा सकती है। [14]

चक्राकार का भी उसी प्रकार का प्रभाव हो सकता है, हालांकि वास्तव में एक चक्राकार एक भूलभुलैया नहीं है। पहला, उसमे चलने वाले को वह लगातार केंद्र के नजदीक लाता रहता है, और ऐसा जरूरी नहीं कि वह हर समय एक बाहरी परधि द्वारा पूरी तरह से सीमति हो। इसके वपिरीत, भूलभुलैया का पथ आमतौर पर वभिन्नि प्रकार के ग्रहपथ के अनुरूप होता है, या उसमें आने और जाने का मार्ग होता है जो केंद्र की तरफ जाता है।

हमें इस बात पर ध्यान देना चाहएि कि भूलभुलैया सदा गोलाकार नहीं होतीं, न ही उनके पथ सदा नर्विघ्नि बल खाते हुए होते हैं। उदाहरण के तौर पर, अमएिंस, फ्रांस और इली, यू के में जो गरिजिाघरों की स्थापनाएँ हैं, एक कोणीय नमूना दर्शाती हैं। फरि भी, यह सब भूलभुलैया एक परभिाषति परधि से सीमति होती हैं और कसिी भी चलने वाले को यह स्पष्ट होगा कि वह चलते हुए आखरिकार एक केंद्र की तरफ बढ़ रहे हैं।

बहुत सी भूलभुलैया में, जैसे कि मध्यकालीन शैली के जाने-पहचाने नमूने में, बार-बार ऐसे मोड़ होते हैं जो हमें उसी दशिा में ले जाते हैं जहाँ से हम आ रहे हैं। मध्यकालीन (शारत्र) नमूने की एक

क्लाइव जॉनसन

चतुर वशिषता यह है कि उसका बल खाता पथ कभी-कभी केंद्र के बहुत नकिट आ जाता है, और फरि चलने वाले को दोबारा बाहर के कनिारे की तरफ ले जाता है। जब तक कि आप इस नमूने से अत्यंत परचिति नहीं हैं और अपने मार्ग पर जागृत होकर ध्यान नहीं दे रहे, यह जानना मुश्कलि है कि आप पथ पर कहाँ हैं- केंद्र बहुत नकिट हो सकता है या अभी भी कुछ दूरी पर।

मैं ऐसा पाता हूँ कि केंद्र की तरफ, या उससे दूर 'आना और जाना', अक्सर मुझे मोड़ पर जगाने का काम करता है, यदि मैं ऐसा पाऊँ कि मेरा मन रोजमर्रा की बातों में भटक गया है- यह मुझे याद दलिाता है कि मैं अपने रोजमर्रा के जीवन से ध्यान हटाकर अपने आप को केवल चलने दूँ।

इस 'आने और जाने' की प्रक्रयिा में अपने शरीर को चलाने में कुछ बहुत ऊर्जावान है, और मुझे लगता है कि यह ऊर्जा हमारी उन दूसरे चलने वालों के संबंध में बदलती हुई स्थति से बढ़ जाती है, जो अपने स्वयं के चलन में आगे बढ़ रहे हैं। भौतकि वज्ञिानी आगे बढ़कर इसमें सतिारों और ग्रहों के गुरुत्वाकर्षण की समरूपता पेश कर सकते हैं, परंतु मैं इन तुलनाओं को उनके महत्व पर प्रश्न उठाए बनिा नजरअंदाज कर दूंगा।

उन तीर्थ-यात्रयिों के लिए, जन्होंने शारत्र के गरिजिाघर या कसिी अन्य गरिजिाघर तक पहुँचने के लिए लंबी यात्रा की है, भूलभुलैया के केंद्र पर पहुँचना ऐसे लगता होगा जैसे आखरिकार स्वयं स्वर्ग के द्वार पर पहुँच गए हैं। मेरे लिए इसके दलि तक पहुँचना आमतौर पर यात्रा का ही एक क्षण है। मेरा झुकाव आमतौर पर यहाँ पर कुछ समय प्रतीक्षा करने का होता है, अक्सर आंखें मूंद कर बैठे हुए, स्थरि और सुरक्षति महसूस करते हुए, अपने आसपास चलते हुए साथयिों की शांत गति-विधियिों को मैं एक धुंधलेपन में वलीन होने देता हूँ।

हालांकि, बहुत से लोगों के लिए केंद्र पर पहुँचने का अधकि महत्व है। जैसे कि वर्जीनयिा वेस्टबरी ने कहा है, "यह है [वह

भूलभुलैया A-Ω

स्थान जो प्रतीक है] पूर्णता और पूर्ति, वह मुख्य मुद्दा जो हमारा मानव हृदय है।" [15]

उन अवसरों पर जब मैं अपने साथ भूलभुलैया में एक प्रश्न को ले गया हूँ, केंद्र पर विश्राम, जो भी आ रहा है उसे सुनने और ग्रहण करने का अवसर प्रदान करता है- या फिर थोड़े समय किसी संभव प्रक्रिया की प्रतीक्षा करने का, यदि मुझे संदेह हो कि मैंने कुछ प्राप्त किया है (वास्तव में जो प्राप्त हुआ है वह शायद अवचेतन स्तर पर महसूस हो सकता है)। मेरा बहरी मार्ग उस के लिए आभारी होने का है जो मुझे प्राप्त हुआ है, और उसे मैं अपने रोजमर्रा के जीवन में कैसे संघटित करूंगा, उसके लिए खुले होने का है।

जैसा कि पथ पर चलने से पहले विश्राम करने के साथ है, मैं अक्सर केंद्र से वापस यात्रा के लिए किसी छोटे से आंतरिक प्रोत्साहन की प्रतीक्षा करता हूँ। जब तक मैं भूलभुलैया के अंदर हूँ, मेरी बाहर की तरफ की यात्रा अंदर आने वाली यात्रा से अधिक तीव्र गति से चलती है। मैं सचेत होता हूँ कि हर कदम के साथ मैं उस स्थान के निकट पहुँचता जा रहा हूँ जहाँ से मुझे एक बार फिर अपने रोजमर्रा के जीवन में वापस जाने के लिए दहलीज़ पार करनी होगी और भूलभुलैया की शरण को पीछे छोड़ना होगा। यह ऐसी संभावना नहीं है जिसका मैं सदा स्वागत करता हूँ, परंतु मैं जानता हूँ कि आमतौर पर मैं जब भूलभुलैया से बाहर कदम रखूँगा तो मैं अपने दिन का सामना करने के लिए बेहतर तैयार होऊँगा, बजाए उस समय के जब मैंने भूलभुलैया के अंदर कदम रखा था। मैं इस में से किसी तरह से परिवर्तित वापस आ रहा हूँ, यहाँ तक कि- कम से कम लाक्षणिक रूप से कहें तो- पुनर्जन्म के साथ।

यदि भूलभुलैया की कभी-कभी प्रकृति के महान गर्भ से तुलना की जाती है, जैसा कि समझा जाता है कि शुरुआत के बाल्टिक भूलभुलैया के रचनाकर्ता उसे देखते थे, तो इस बात में कुछ सच्चाई हो सकती है कि भूलभुलैया एक पुनर्जन्म का स्थान है-

या ऐसी जगह जहाँ से हमें इस दुनिया में परविर्तन के साथ वापस आने के लिए तैयार रहना चाहिए।

कुछ लोगों ने तर्क दिया है कि जब हम गहरी निद्रा में होते हैं तो हमारे साथ इसी प्रकार का कुछ होता है- हम चेतना के ऐसे स्तर के साथ जुड़ते हैं जहाँ हम चिंतन करते हैं, उससे सीखते हैं, और जो हमें हमारे आगे आने वाली चुनौतियों का सामना करने के लिए तैयार करती है। अपने आंतरिक व्यक्तित्व के साथ इस तरह का आमना-सामना होने से हमारी आत्मा का विकास होता है।

एक बार फिर हम यहाँ अनुमान के क्षेत्र में हैं, परंतु मेरे विचार से जब हम भूलभुलैया के केंद्र या दिल की तरफ चलना शुरू करते हैं, जितना हम समझते हैं उससे कहीं अधिक शक्तिशाली कुछ होता है। मैं सिग लॉनग्रेन के साथ सहमत हूँ, जो दावा करते हैं कि "भूलभुलैया असली जादू कर सकती है- क्षण जो अलग-अलग दुनिया को एक साथ लाते हैं, हमारी विश्लेषणात्मक या विवेकशील चेतना को हमारी सहजज्ञ या आध्यात्मिक स्तर की चेतना के साथ लाने की संभावना को बढ़ाते हैं।" [16]

निश्चित रूप से, मेरे साथ ऐसा होता है कि मैं अपने श्वास दर को शांत होते हुए पाता हूँ और मेरा शरीर तनाव मुक्त हो जाता है। यदि मैंने ईईजी का हेडसेट पहना हो तो मैं पाउँगा कि मेरे दिमाग की तरंगे अल्फा या थीटा आकार की हैं बजाए बीटा तरंगों के- वह तरंगे जो शांति को बढ़ावा देती हैं और मस्तिष्क और शरीर को एकीकृत करने में सहायक होती हैं। यह उसी स्वरूप के अनुकूल होगा जो कि उन व्यक्तियों का अध्ययन करते समय देखा जाता है जो ध्यान में या फिर गहरी निद्रा-अवस्था में होते हैं। [17]

मैं भूलभुलैया से बाहर निकलते हुए थोड़ा हिचकिचाता हूँ, परंतु केवल एक क्षण के लिए क्योंकि मैं जानता हूँ कि मेरे चलन का अंत होना ही है। जैसा कि तब होता है जब मैं भूलभुलैया में अपना चलन प्रारंभ करने के लिए दहलीज़ पार करता हूँ, भूलभुलैया से बाहर कदम रखने पर मैं आमतौर पर मुड़ कर अपने स्थान पर

वापस आने से पहले, उसने मुझे जो प्रदान किया है उसके लिए उसे चुपचाप धन्यवाद देता हूँ।

जिसका मैंने वर्णन किया है, वह तो चलने का केवल एक उदाहरण है। मेरा हर बार भूलभुलैया में चलना कुछ अलग हुआ है, जिसमें अप्रत्याशित विचार, चित्र और भावनाएँ मेरे समक्ष प्रस्तुत हुई हैं। और सबसे बढ़कर तो यह कि हर बार के चलन ने मुझे किसी तरह से छुआ है- मैंने शांति, सुरक्षा और कभी-कभी परेशानी को महसूस किया है। मुझे विश्वास है कि भूलभुलैया में जो परिवर्तन आ सकते हैं, वह मेरे लिए उपयोगी होंगे, और अपने जीवन में मैं जिस स्थान पर पहुँच गया हूँ, उसके लिए उपयुक्त होंगे। मुझे विश्वास है कि यह अन्य सभी व्यक्तियों के लिए भी सच होगा, हालांकि उनके अनुभव मेरे अनुभवों से बहुत अलग हो सकते हैं।

एक व्यक्ति का भूलभुलैया में क्या अनुभव होता है, इसके बारे में हम अभी के लिए पर्याप्त बात कर चुके हैं। अब मैं वापस जाकर भूलभुलैया में चलने के कुछ अन्य उपयोगों पर विचार करना चाहूँगा जिनके बारे में अभी हमने चर्चा नहीं की है।

भूलभुलैया के उपयोग

प्रारंभ करने के लिए एक अच्छा उदाहरण वह भूलभुलैया है जिसका प्रयोग टकराव की अवधि के बाद सामंजस्य स्थापित करने के लिए किया गया है। साउथ अफ्रीका की संधि (रीकॉन्सलिएिशन) भूलभुलैया की रचना में दो प्रवेश द्वार सम्मिलित हैं। उस के रचनाकार क्लेयर विल्सन ने स्पष्ट किया है कि दो प्रवेश मार्ग उन दो अलग-अलग प्रारम्भ करने के स्थानों

के प्रतीक हैं जहाँ से रंगभेद की नीति के पश्चात दक्षिण अफ्रीका के लोग आए थे।

साथ ही, यह असाधारण नमूना एक अनुस्मारक के रूप में कार्य करता है, कि चाहे जो व्यक्ति अलग-अलग स्थानों से आए हैं उन के अनुभव बिलकुल अलग हो सकते हैं, परंतु आगे कदम रखने में, प्रत्येक चलने वाला अपने विभाजन के घावों को भरने की एक समान इच्छा रखता है और, जैसा कि विल्सन कहते हैं, “अपनी विविधता की ताकत में बढ़ने की, और ऐसे दक्षिण अफ्रीका... [का निर्माण करने] की अपनी यात्रा का प्रारंभ करने की, जहाँ लोग एक दूसरे के बारे में, और जीवन के अनुभवों का हमारे ऊपर क्या प्रभाव हुआ है, उसके बारे में, वास्तव में परवाह करते हैं।” [18]

दूसरों के साथ से गुजरने से, और उसी पथ पर चलने से, जिस पर वे लोग पहले से चल चुके हैं, भूलभुलैया हर व्यक्ति को एक सार्वजनिक, सहभाजित केंद्र पर पहुँचने से पहले यह समझने में मदद करती है कि उनके अपने जीवन ने यह रूप कैसे लिया।

संधि के नमूने को शामिल करने वाली पहली भूलभुलैया का उद्घाटन 2002 में केप टाउन के एक उपनगर में हुआ। उसके बाद से देश भर में कई और भूलभुलैया भी स्थापित की गई हैं, या तो स्थायी रूप से या अस्थायी रूप से। उन में से एक स्थाई वस्तु की तरह कौमाके में स्लैंग्कॉप प्रकाशस्तम्भ के साथ खड़ी है जो कि केप टाउन से अधिक दूर नहीं है। यहाँ पर बच्चों के लिए तीन दिन के शिक्षा पाठ्यक्रम पढ़ाए जाते हैं जिसमें प्रत्येक को अपने साथी युवा नागरिकों के साथ, जो कि अक्सर अलग-अलग वातावरण और मुहल्लों से आए हैं, भूलभुलैया में चलने का अवसर प्रदान किया जाता है।

विल्सन के नमूने को विश्व में अन्य जगहों पर भी दोहराया गया है- जिसमें पाठशाला, चिकित्सा सम्बन्धी तथा समुदायिक स्थल शामिल हैं। भूलभुलैया की संबंध सुधारने में भूमिका अक्सर न

केवल व्यक्ति-से-व्यक्ति या संगठन-से-संगठन के आधार पर बल्कि किसी राष्ट्र के इतिहास में तनावपूर्ण अवधि के बाद आगे का रास्ता दिखाने में भी होती है। उदाहरण के लिए, कैलिफ़ोर्निया में एक ऐसी ही भूलभुलैया का प्रयोग तलाकशुदा माता-पिता को एक साथ काम करने के तरीके खोजने में सहयोग देने के लिए किया जाता है, विशेष रूप से अपने बच्चों के हितों को सुरक्षित रखने के लिए जिस सामान्य-आधार की आवश्यकता है उसका सम्मान करने का संकल्प लेने के लिए किया जाता है। [19]

भूलभुलैया की एकीकरण करने और शांति बनाए रखने में उपयोग किए जाने की क्षमता के उदाहरण अन्य उपक्रमों में भी पाए जाते हैं। उदाहरण के लिए, 2002 के साल्ट लेक सिटी के विंटर ओलंपिक्स में एक सात-परिपथ वाली भूलभुलैया का उद्घाटन किया गया जो विभिन्न देशों से आए हुए कर्मचारी वर्ग, खिलाड़ियों और आगंतुकों को एकजुट होने के लिए प्रोत्साहित करने का एक साधन है।

इस *विश्व शांति भूलभुलैया* में सात गोलाकारों को, जो कि सात महाद्वीपों के प्रतीक हैं, नमूने में सम्मिलित किया गया है। भूलभुलैया पर आने से, चलने वाले एक सार्वजनिक, ग़ैर सांप्रदायिक और शांतिपूर्ण क्रिया को साझा कर पाए हैं।

इस साल्ट लेक सिटी के उदाहरण से प्रेरणा लेते हुए फ्लोरिडा के प्रेस्बिटेरियन गिरिजाघर की पादरी और भूलभुलैया की सुकारक कैथरीन मैक्लीन ने मिलकर उसी नमूने का वहनीय प्रारूप बनाया जिसका प्रयोग उन्होंने अपने गृह-राज्य और अन्य स्थानों पर, कई सामुदायिक-निर्माण के उपक्रमों के लिए किया है।

अन्य भूलभुलैया के उपक्रमों का उद्देश्य ऐसे समुदायों के बीच चिकित्सा और सामुदायिक बहाली करने का रहा है, जो कि एक सामूहिक आघात से उबर रहे हैं। उदाहरण में शामिल हैं लॉन्ग बीच, मिसीसिपी की भूलभुलैया जिसका प्रयोग तूफान कैटरीना से हुई तबाही के बाद स्थानीय समुदायों को अपने जीवन का पुनर्निर्माण करने में मदद करने का था, साथ ही खाड़ी में हुए तेल

छलकाव के बाद भी, ट्रिनिटी वॉल स्ट्रीट/ सेंट पॉल'स गिरिजाघर में स्थित भूलभुलैया जो न्यू यॉर्क शहर के घटनास्थल के निकट है, और एक भूलभुलैया जिसका प्रयोग तीसवीं एजी बटालियन के सैनिकों द्वारा एक शांत आश्रय प्रदान करने वाले स्थान के रूप में किया गया है जहाँ वे इराक और अफ़ग़ानिस्तान में सेवा करके लौटने के पश्चात चिंतन और पुनर्गठन कर सकते हैं।

सामुदायिक निर्माण के लिए भूलभुलैया के महत्व को बहुत से मुहल्लों और शहर के प्राधिकारियों ने स्वीकार किया है। भूलभुलैया को सार्वजनिक उद्यान, शहर के चौक और अन्य सार्वजनिक स्थलों पर स्थापित करने की योजना बनाई गई है जिसने अक्सर लोगों की कल्पना को उत्तेजित करके उनकी भूलभुलैया की रचना में सहभागिता को प्रेरित किया है।

उदाहरण के लिए, अर्जेंटीना की पहाड़ी बस्ती ला फालदा के शहर के चौक पर- एक शहर जिसे बहुत से नाज़ी द्वितीय विश्वयुद्ध के बाद छोड़ गए थे- एक ऐसी ही भूलभुलैया का उस शहर के लोगों द्वारा, कैलफ़ोर्निया में स्थित भूलभुलैया संगठन वेरडिटिास के एक दल की सहायता से, एकजुट होकर सह-सृजन किया गया है, जिसमें उनकी नगर पालिका ने उनका साथ दिया है।

"हम आशा करते हैं कि हमारी भूलभुलैया लोगों को एक साथ लाने में, पुरानी घृणा मिटाने में और उपचार करने में लाभदायक सिद्ध होगी," जूडिथ ट्रिप्प, ला फालदा जा कर वहाँ की भूलभुलैया के निर्माण और नींव रखने में सहायता करने वाले चौदह में से एक भूलभुलैया के समर्थक, ने कहा। [20]

सिडनी, ऑस्ट्रेलिया के शतवर्षीय उद्यान में स्थापित बलुआ पत्थर की एक चित्ताकर्षी स्थापना भी उतनी ही मूल्यवान विरासत है जिसने विश्व के एक दूसरे हिस्से में भूलभुलैया में चलने को लोकप्रिय बनाने में सहायता की है। यह स्थाई स्थापन शास्त्र के नमूने पर आधारित है, इसकी स्थापना मुख्य रूप से केवल एक स्त्री की परिकल्पना और समर्पण का नतीजा है।

यह परियोजना एमिली सिम्पसन के विचार से शुरू हुई, जो अपने स्कॉटलैंड के दौरे पर भूलभुलैया की एकीकरणीय शक्ति के अन्वेषण के बाद उसे अपने गृह शहर में लाने के लिए प्रेरित हुई। कई वर्ष के कड़े परिश्रम और निधि-संग्रह के बाद, सिडनी के शतवर्षीय उद्यान की भूलभुलैया को 2014 में शहर के कई अलग-अलग विश्वास परंपरा के प्रतिनिधियों के सामने और उन समर्थकों के साथ समर्पित किया गया जिन्होंने एमिली को 500,000 ऑस्ट्रेलिआई डॉलर जमा करने में मदद की थी, जिससे कि यह परियोजना सफल हो सके।

सिडनी की परियोजना के एक प्रज्ञता पालक, बिरिपि राष्ट्र की एबोरजिनिल बुजुर्ग, आंटी अली गोल्डिंग ने, भूलभुलैया लोगों के लिए क्या अर्थ रखती है, इसके बारे में संक्षेप में कहा है:

"अपने देश की ओर चलकर घर आना धरती माँ के साथ एक ऐसा संबंध है जो हमारे लोगों में सदा रहा है। हमारी संस्कृति परिवार मंडलों की नज़दीकियाँ और उसके अंदर के लोगों के एक साथ जुड़े रहने से परिभाषित है। भूलभुलैया लोगों को पथ पर एक साथ चलने के लिए आमंत्रित करती है और उनका स्वागत करती है- वह उन्हें एकता की भूमि की ओर पुकारती है।"

इसके उद्घाटन के कई वर्ष पश्चात, नियमित रूप से भूलभुलैया में चलना कई सिडनी के लोगों के लिए जीवन का एक महत्वपूर्ण हिस्सा बन गया है। यहाँ अक्सर सूरज ढलने के समय के सामूहिक चलन आयोजित किए जाते हैं, और प्रतिदिन व्यस्त नियमित आने-जाने वाले, बच्चा गाड़ी के साथ माताएँ, और दूर से आए हुए आगंतुक यहाँ पर रुक कर भूलभुलैया के शांत स्थान में ठहराव का अनुभव करते हैं।

विश्व भर की परियोजनाएँ भूलभुलैया निर्माण में सामुदायिक सहभागिता का सबूत हैं। जैसा कि ला फालदा उपक्रम के साथ है, विभिन्न क्षेत्रों और संस्कृतियों के व्यक्तियों ने एक साथ आकर इस कार्य में हाथ बँटाया है।

क्लाइव जॉनसन

आकर्षक व्यक्तित्व-युक्त हॉउस्टन स्थति कलाकार रेजीनाल्ड ऐडम्स उन लोगों में से हैं जन्होंने इस प्रकार की परयिोजनाओं को प्रेरति और उनका नेतृत्व कयिा है, इसमें वह भूलभुलैया शामलि है जो टेक्सास के उच्च-माध्यमकि वद्यालय और वश्विवद्यालय के छात्रों और इक्वेडोर के कशिोरों को क्वटिो के नकिट और भूमध्य रेखा के साथ भूलभुलैया का सह सृजन करने के लएि एक साथ ले कर आई। रेजनिाल्ड ने अपनी प्रतभिाओं को शहर के अंदर भूलभुलैया की परयिोजनाओं के लएि भी प्रयोग कयिा है, जसिमें उनके गृह शहर में स्थति एक ऐसी भूलभुलैया शामलि है जो एक पुराने, गरिा दएि गए गरिजिाघर के मलबे के ऊपर बनी हुई है, और एक ऐसा स्थान प्रदान करती है जहाँ भूतपूर्व गरिजिाघर में जाने वाले व्यक्ति और पड़ोसी एक साथ आकर चतिन कर सकते हैं, मेलजोल रख सकते हैं और प्रार्थना कर सकते हैं।

सामुदायकि-नर्िमाण के केंद्र-बद्दि को संगठनात्मक परस्थितियों में भी अपनाया गया है- जसिमें वह भूलभुलैया शामलि हैं जो वश्विवद्यालय परसिरों, अस्पतालों और कॉरपोरेट मुख्यालयों के अहातों में बनाई गई हैं।

उदाहरण के लएि, मयांमार इंस्टीट्यूट ऑफ थओिलॉजी में वहाँ के संकाय, कर्मचारयिों और छात्रों द्वारा एक भूलभुलैया बनाई गई जसिका उद्देश्य समुदाय के आध्यात्मकि जीवन को बढ़ावा देना था। भूलभुलैया को इस प्रार्थना के साथ तैयार कयिा गया कि जो उसमें चलेंगे वे ईश्वर के साथ संबंध को खोज पाएँगे। उसके पूर्ण होने के कुछ समय के भीतर ही व्यक्तयिों ने भूलभुलैया के पथ पर चलने के परणािम स्वरुप उपचारात्मक घटनाओं के बारे में सूचना देनी शुरू की। एक व्यक्ति ने, जो अनयिमति दलि की धड़कन से पीड़ति था, भूलभुलैया से सामना होने के पश्चात धड़कन के सामान्य होने के बारे में सूचना दी; एक महलिा ने बताया कि कमजोर ह्रदय होने के, और उस पथ पर चलने की अपनी शारीरकि

क्षमता पर संदेह करने के पश्चात, उसने इस चलन के बाद स्वयं को उत्थति महसूस कयिा। [21]

भूलभुलैया में चलने के रोग हरने वाले गुणों के पक्ष में प्रमाण बढ़ते जा रहे हैं। एक प्रकाशति शोध के परीक्षण में हावर्ड मेडकिल स्कूल के माइंड/ बॉडी इंस्टट्यिूट के डॉक्टर हर्बर्ट बेनसन को यकीन है कि इस क्रयिा से रक्तचाप कम होता है और श्वास दर में सुधार होता है। [22] चरिकालकि दर्द, व्याकुलता और अनद्रिा उन अन्य स्थतियिों में शामलि हैं जनिके बारे में उपलब्ध प्रमाण दृढ़तापूर्वक यह संकेत देते हैं कि भूलभुलैया में नयिमति चलने से इन्हें घटाया जा सकता है, जो कि तनाव मुक्ति के जाहरि लाभों से बलिकुल अलग है।

भूलभुलैया शोध के प्रमुख वशिेषज्ञ जेफ्फ सावर्ड हमारी भूलभुलैया की तरफ प्रतक्रियिा के तरीके सुझाते हैं। "भूलभुलैया प्रार्थना का एक मार्ग हो सकती है, परमात्मा से जुड़ने का और अस्तत्वि के जादू और रहस्य पर चतिन का अवसर ... [उसके] आकर्षण चंचलता और भावपूर्णता, हर्ष और जजि्ञासा, और साथ ही चतिन को भी आमंत्रति करते हैं।" [23]

इसी तरह से, जॉन डब्ल्यू रोड्स की उन सोलह अध्ययनों की व्यापक समीक्षा, जसिने भूलभुलैया के साथ सम्बद्ध होने के सकारात्मक प्रभावों का अन्वेषण कयिा है, [24] इस सुझाव को और भी मजबूत करती है कि भूलभुलैया में चलने के कई संभावति लाभ हैं।

रोड्स ने भूलभुलैया के साथ पारस्परकि व्यवहार से होने वाली भौतकि प्रतक्रियिा (जैसे कि बढ़ी हुई शांति, कम तनाव और व्याकुलता) और 'मनःस्थति' के प्रभाव जो इन में से उभरकर आते हैं (जैसे बढ़ी हुई स्पष्टता, अधकि नष्किपटता और वचिारशीलता) में भेद कयिा है। रोड्स सुझाव देते हैं कि इन मनःस्थतियिों की वजह से एक चलने वाला प्रेरणा और अंतर्दृष्टि और इस प्रकार की अन्य चीज़ों की तरफ अधकि ग्रहणशील हो जाता है।

मयांमार इंस्टीट्यूट ऑफ थओिलॉजी में भूलभुलैया के प्रयोग के प्रभावों के एक अध्ययन में जलि जॉफ्रीऑन एक वैकल्पकि दृष्टकिोण अपनाती हैं, और उन कई अलग-अलग तरह के उपचार, जसिकी सूचना चलने वाले देते हैं, उनमें अंतर करती हैं- जनिमें भावनात्मक, आध्यात्मकि, संबंधपरक और सामाजकि उपचार शामलि हैं। जॉफ्रीऑन कहती हैं कि "भूलभुलैया एक ऐसा सुरक्षति स्थान लगती है जसिमें लोग जसि समुदाय में रहते हैं उससे संबंधति अपने गहरे भय और इच्छाओं का स्वछन्द रूप से अन्वेषण कर सकते हैं। [ऐसे] बहुत से तरीके हैं जसिमें भूलभुलैया में प्रार्थना करने का परणिाम एक बड़ी हुई पूर्णता और स्वास्थ्य की भावना है।" [25]

मयांमार इंस्टीट्यूट ऑफ थओिलॉजी और अन्य स्थानों पर भूलभुलैया में चलने वालों द्वारा की गई टप्पिणयिाँ नशि्चति रूप से इस बात की पुष्टि करती हैं:

"पछिले तीन वर्षों में यह पहली बार था जब मेरा मस्तष्कि वकिारों से मुक्त हुआ।"

"भूलभुलैया [में] प्रार्थना करते समय मैं तनाव बंधन से मुक्त हो गया।"

"मैं इस अनुभव से बहुत प्रभावति हुआ और मुझे शांति का एहसास हुआ।"

"जब से मैंने कुछ अवधि तक भूलभुलैया में चलना शुरू कयिा, मेरे पति की मृत्यु के बाद से मेरे ऊपर छाई उदासी उठ गई।"

उचति रूप से, भूलभुलैया ने अस्पतालों, धर्मशालाओं और देखभाल-ग्रहों में अपना स्थान बना लयिा है। कैंटरबरी, यूके की तीर्थयात्री धर्मशाला में स्थति भूलभुलैया ऐसे कई केंद्रों में से एक है जहाँ भूलभुलैया जानलेवा रोगों से जूझते हुए व्यक्तयिों की उपशामक देखभाल में एक महत्वपूर्ण भूमकिा नभिा रही है।

अन्य चकित्सीय परस्थितियों में भी कई व्यक्तियों ने इसी प्रकार के अनुभवों की सूचना दी है, जसिमें कभी-कभी जीवन को बदल देने वाले अनुभव भी शामलि हैं। कुछ ऐसा ही कॉटनवुड, टुक्सों, एरज़ोना जैसे केंद्रों में हुआ है, जो कनिशीले पदार्थों का दुरुपयोग, मनोदशा वकिार और अनसुलझे आघात के उपचार का एक आवासीय केंद्र है। कई मरीज जो वहाँ पर भूलभुलैया में चले हैं, पुष्ट करते हैं कि भूलभुलैया से उनका आमना-सामना होने से उन्हें अपने गहरी जड़ों वाले मुद्दों का सामना करने में मदद मलिी है, जैसे कि उन क्षेत्रों को संबोधति करना जो उनमें बहुत डर पैदा करते हैं, और जनि से वे अभी तक भाग रहे थे। [26]

स्पष्ट रूप से यह लगता है कि भूलभुलैया में चलने के प्रभाव काफी गहरे हो सकते हैं। परंतु बहुत से लोगों के लिए रोजमर्रा की व्यस्तता से राहत पाने का अवसर, स्वयं से फरि से जुड़ने का, या बस थोड़ी देर के लिए नरि्विघ्न होने का अवसर भूलभुलैया में बार-बार लौटने के लिए पर्याप्त कारण हैं।

भूलभुलैया के कई ववििध उपयोग हो सकते हैं, परंतु अंततः, वह हमसे इससे अधकि कुछ नहीं माँग करती कि हम बस उसके आलगिन में कदम रखें, चलें, और होने का एहसास करें। जैसा कि गॉर्डन, सडिनी के कोरयिाई पुरी मंदरि की आदरणीय बॉन सुनमि ने समुचति रूप से कहा है, "अपने पैरों की तरफ देखिए। वहाँ तुम्हारा मन है। देखिए आपके पैर कहाँ हैं, आप भी वहाँ हैं।" [27]

अध्याय 3

भूलभुलैया में प्रवेश किस दृष्टिकोण से करें?

जैसा कि हमने देखा है, भूलभुलैया अनेक अलग-अलग उद्देश्यों के लिए प्रयोग की गई हैं, और इसके अलावा, बहुत से अन्य उद्देश्यों के लिए भी जिनकी हमने चर्चा नहीं की है। परंतु किसी को एक व्यक्ति के रूप में, या एक व्यक्तियों के समुदाय के रूप में, भूलभुलैया में किस दृष्टिकोण से प्रवेश करना चाहिए?

इससे पहले, मैंने भूलभुलैया में चलने के दौरान अपने अनुभवों के कुछ पहलुओं का वर्णन किया था। जैसा कि मैंने उल्लेख किया है, यह एक उदाहरण प्रस्तुत करने के लिए है, कि एक भूलभुलैया में कदम रखने के समय क्या अनुभव हो सकता है। यह किसी भी प्रकार से वह नहीं है जो आप स्वयं अपने अनुभव से जान पाएँगे।

क्लाइव जॉनसन

वास्तव में, जब भी हम भूलभुलैया में कदम रखते हैं, हमें एक नए अनुभव की अपेक्षा करनी चाहिए। यह कुछ जीवन के जैसा ही है- जब भी हम किसी नई चीज़ को प्रारम्भ करते हैं, हम पूरी तरह से यह अनुमान नहीं लगा सकते कि आगे क्या हो सकता है।

मैं स्वयं अपने चलन में, आमतौर पर अपने साथ भूलभुलैया में एक प्रश्न को नहीं ले जाता। परंतु हमेशा ऐसा नहीं होता। वास्तव में, जब मेरे पास कोई विशिष रूप से महत्वपूर्ण प्रश्न होता है जिसके लिए मैं मार्गदर्शन खोज रहा होता हूँ, तो मैं भूलभुलैया में अपने प्रश्न को खुला रखने के उद्देश्य से प्रवेश करता हूँ, और अंदर जाते समय जो उत्तर आ सकता है, उसे प्राप्त करने के लिए ग्रहणशील रहता हूँ। कुछ भूलभुलैया के मेज़बान कोई शब्द, वाक्यांश या विचार लिखे हुए कार्ड (पत्रक) देते हैं, जो कि भूलभुलैया के प्रवेश पर उन लोगों के लिए छोड़े जा सकते हैं जो एक संभव चिंतन के केंद्र की तरह उन्हें अपने साथ चलन के दौरान लेकर जाना चाहें।

ऐसा आवश्यक नहीं है कि किसी प्रश्न का उत्तर तुरंत मिल जाए, परंतु अक्सर एक विचार, हमारी आंतरिक आवाज से एक शब्द, या एक भावना अवश्य आती है। इसके अलावा, थोड़ी देर के लिए जिस प्रश्न को हम अपने साथ भूलभुलैया में लाए हैं, उसके बारे में भूल जाने का अर्थ यह नहीं है कि अब उस प्रश्न की प्रसंगिकता नहीं है- जब हम वास्तविक नीयत से पूछते हैं तो हमारा अवचेतन हमारी पूछताछ को खुला रखने में सक्षम होता है, और साथ ही उत्तर को प्राप्त करने के लिए बेहद ग्रहणशील होता है।

किसी अन्य समय पर, हमारा लक्ष्य यह हो सकता है कि हम आगे बढ़ते हुए हर कदम कैसे ले रहे हैं, इस पर अपना ध्यान केंद्रित करें। यहाँ आमंत्रण इस बात पर ध्यान देने का है कि हमारे पैर किस प्रकार से हर कदम पर जमीन के साथ संबंध बनाते हैं- इस बात से सचेत होने का कि हम कैसे एक कदम आगे लेते समय अपनी टांग को मोड़ते हैं, फिर पैर के पूरे तलवे को मोड़ने से पहले,

अपने आगे वाले पैर की एड़ी को जमीन के संपर्क में लाते हैं, और अंत में नीचे धरती के साथ अपने पैर से पूर्ण संपर्क बनाते हैं।

फिर भी, एक अन्य समय पर हम किसी मंत्र का उच्चारण करना चाह सकते हैं- एक इकलौता शब्द या सरल वाक्यांश- भूलभुलैया के पथ का अनुसरण करते समय जिसे हम अपने ध्यान को स्थिर करने के माध्यम के रूप में प्रयोग करें। एक सरल मंत्र जिसे मैं कभी-कभी दोहराना पसंद करता हूँ, जाने-माने ज़ेन पंडित टिक न्यत हान के शब्दों में है: [28]

"श्वास अंदर लेते समय, मैं अपने शरीर और मस्तिष्क को शांत करता हूँ।
श्वास बाहर छोड़ते समय, मैं मुस्कुराता हूँ-
वर्तमान क्षण में रहते हुए, मैं यह जानता हूँ कि यह ही एकमात्र क्षण है।"

मेरे लिए यह वर्तमान से संबंध रखने का एक बढ़िया और शक्तिशाली तरीका है, क्योंकि जैसे-जैसे मैं एक श्वास लेता हूँ, एक वाक्यांश दोहराया जाता है। 'श्वास भीतर, *शांति*... श्वास बाहर, *मुस्कुराओ*...'

जब किसी ठहराव, जैसे कि कोई मंत्र या किसी प्रश्न पर ध्यान केंद्रित करने का प्रयोग किया जा रहा हो, तो चलने के दौरान जैसे-जैसे चिंतन गहरा होता जाता है, उस की तरफ से ध्यान हटना असाधारण नहीं है। और जब आपका व्यस्त दिमाग अपनी तरफ ध्यान आकर्षित करना बंद कर दे, तो यह अक्सर एक संकेत है कि आपने अपने अहंकारी मन को कुछ समय के लिए छोड़ दिया है, और आप अपनी आमतौर पर कोमल परामर्श देने वाली आंतरिक आवाज़ के प्रति अधिक सचेत हो गए हैं।

ऐसे क्षणों में आपके मन में जो विचार या सुझाव आ सकते हैं, उनकी तरफ संवेदनशील होना विशेष रूप से शिक्षाप्रद हो सकता

है, क्योंकि यह (अक्सर) वे क्षणभंगुर क्षण होते हैं जब हम अपने निजी व्यक्तित्व से संबंध बनाने के निकट आ जाते हैं।

यह सब काफी रहस्यपूर्ण, और जो भूलभुलैया में चलने का प्रयास करना चाहते हैं, उनके ज्ञान से परे लग सकता है। फिर भी, यह चिंता करने की कोई आवश्यकता नहीं है कि आप भूलभुलैया में अपने पहले कदम लेते समय क्या अनुभव कर सकते हैं, और क्या नहीं। मैं एक गहरे ध्यान की अवस्था में आने की संभावना का उल्लेख केवल इसलिए कर रहा हूँ, क्योंकि यह एक असामान्य अनुभव नहीं है।

सच यह है कि भूलभुलैया की ओर ग्रहणशील होने से आने वाले अनुभव नियत नहीं हैं। जैसा कि हमने पहले भी कहा है, हर चलन अनोखा होता है। इसमें कुछ सही या गलत नहीं है- जो होगा बस वह हो जाएगा।

वही 'कोई एक रास्ता नहीं' का सिद्धांत इस बात पर भी लागू होता है कि आप शारीरिक रूप से एक भूलभुलैया के प्रवेश द्वार से उसके केंद्र तक, और फिर वापस किस प्रकार पहुँचते हैं। चलन के मेज़बान आमतौर पर भूलभुलैया में चलने से पहले, बाद में और उसके अंदर चलने के दौरान कुछ पालन करने वाले दिशानिर्देश सुझा सकते हैं। इसमें ऐसी बातें शामिल हो सकती हैं जैसे अन्य व्यक्तियों की जगह और शांति का सम्मान करना (यदि किसी अन्य व्यक्ति के साथ से गुजरते हुए गैर-मौखिक अभिस्वीकृति हो तो यह ठीक है; परंतु आमतौर पर आपके साथी चलने वाले अपने चिंतन में अकेले होंगे)।

ऐसी व्यवहारिक बातों का भी उल्लेख किया जा सकता है जिनका उद्देश्य भूलभुलैया के जीवनकाल को सुरक्षित बनाए रखने का हो, जैसे कि, उदाहरण के लिए, अपने मिट्टी वाले जूते

उतारने का नमिंत्रण या इस बात का उल्लेख करना कि चिलन का अंत कसि प्रकार कयिा जाएगा (उदाहरण के लिए, घंटी बजा कर, या जब मेज़बान भूलभुलैया की परधि पिर धीरे-धीरे चक्कर लगाने लगें तो इस बात से सचेत हो कर)।

आमतौर पर, इस तरह के नयिम यह सुनश्चिति करने के लिए बनाए जाते हैं कि एक साथ चलने वाले एक दूसरे का सम्मान करें, साथ ही स्वयं भूलभुलैया का भी सम्मान करें, और रोजमर्रा के सहाय सहकार संबंधति मुद्दों का भी पालन करें, जैसे कि चिलने के लिए उपलब्ध समय का।

इस प्रकार के मार्गदर्शन के अलावा, वास्तव में भूलभुलैया की दहलीज़ पार करने के बाद आप क्या करते हैं इसके कोई नयिम नहीं हैं। अपनी बाहों को फैलाएँ, उन्हें एक तरिछे क्रॉस चन्हि के रूप में अपने शरीर के आसपास लाएँ (ईसाइयों के लिए एक अनन्य रूप से कयिा गया प्रतीकात्मक भाव-प्रदर्शन ही नहीं परंतु एक शरीर की अच्छी मुद्रा बनाए रखने के लिए स्वयं को तसल्ली देने का तरीका) या फरि शरीर के साथ लटकने दें।

जो गति आपको सही लगती है उस पर चलें- धीमे हो जाएँ, या अपनी गति को तेज कर दें, जैसे भी आप की इच्छा हो, और उस क्षण में जो सही लगता है उसे महसूस करते हुए कभी-कभी रुक जाएँ। जब दूसरों की गति उन्हें आप की तुलना में अधकि तेजी से आगे बढ़ा रही हो तो वे आपके आसपास से नकिल सकते हैं, और नश्चिति रूप से, कभी आपको, जो आपके आगे चल रहे हैं उनके पास से आगे नकिलने की आवश्यकता महसूस हो सकती है।

उसके केंद्र पर- यदि आप वहाँ पहुँचते हैं- आप वहाँ कुछ समय रुकना चाह सकते हैं, या आप बाहर वापस जाने के लिए बनिा रुके चलना शुरू कर सकते हैं। कुछ भूलभुलैया के नमूनो में आपको अंदर आने वाले पथ के अतरिक्ति बाहर जाने के लिए एक अलग पथ लेने की आवश्यकता शामलि हो सकती है, कुछ अन्य आपको उसी पथ पर चलते हुए वापस लौटने के लिए आमंत्रति करेंगी।

नःिसंदेह, केंद्र तक पहुँचने की कोई आवश्यकता नहीं है, शायद इसलएि कि वह सही नहीं महसूस हो रहा, या इसलएि कि चलने के लएि उपलब्ध समय सीमति है। बस उल्टे मुड़ जाएँ और जसि पथ से आप यहाँ तक आए थे उसी पर वापस चले जाएँ।

जब आप चलना समाप्त कर दें तो आप वापस जाकर अपनी दनिचर्या प्रारम्भ करने से पहले कुछ समय प्रतीक्षा करना चाह सकते हैं। उन लोगों की ओर सम्मानजनक बने रहें जो अभी भी चल रहे हैं, जन्होंने अभी तक प्रारम्भ नहीं कयिा, और उनके लएि जो भूलभुलैया के अपने अनुभव पर चतिन कर रहे हैं।

एक मेज़बान यह सुझाव दे सकते हैं कि जब आप तैयार हों तो चुपचाप वहाँ से वापस चले जाना स्वीकार्य है, या वे आपको तब तक वहीं रहने के लएि आमंत्रति कर सकते हैं जब तक सभी ने अपना चलना पूरा न कर लयिा हो।

सुगम बनाए गए चलन का सत्र कसि प्रकार से संचालति कयिा जाता है, इसके तरीके में कुछ ववििधिता हो सकती है। उदाहरण के लएि, उस गरिजािघर में जहाँ मैंने सबसे पहले नयिमति चलना प्रारम्भ कयिा था, हालांकि हमारी संख्या अभी भी कम थी, मैं और मेरे चलने वाले साथी केंद्र पर एकत्र हो कर अपने वापस जाने की यात्रा जारी रखने से पहले एक संक्षपि्त पठन को सुनते थे। मैं अपने मत्रिों के साथ एक छोटे से मंडल में होने के इन क्षणों को महत्व देता था, हम में से प्रत्येक अपने ही तरीके से उस पथ पर चले थे जो हमें यहाँ लेकर आया था परन्तु अब हम एक सार्वजनकि केंद्र पर पहुँच चुके थे। इन चलन का प्रारंभ भी एक संक्षपि्त पठन से होता था, जो कि अंदर की ओर चलने के दौरान चतिन के एक संभावति वषिय के रूप में प्रस्तुत कयिा जाता था।

नःिसंदेह, हर भूलभुलैया की मेज़बानी एक सुकारक द्वारा नहीं की जाती। उन सार्वजनकि स्थानों पर जहाँ भूलभुलैया स्थाई रूप से या अक्सर प्रवेश्य हैं, वहाँ सामान्यतः आप अपने चलन के

लिए कितना समय लेना चाहते हैं, उस संबंध में बहुत कम बाध्यता होती हैं।

भूलभुलैया में चलने को अक्सर 'जीवन के रूपक' के रूप में वर्णित किया जाता है, जिसमें हम नहीं जानते कि हमें अपने पथ पर कौन मिल जाएगा, ना ही यह कि जैसे-जैसे हम आगे बढ़ेंगे हम क्या अनुभव कर सकते हैं

कई बार आप अकेले हो सकते हैं, या फिर किसी समूह के साथ जुड़ सकते हैं। यदि आप अपने आप को भूलभुलैया में अकेले चलता हुआ पाएँ, तो मेरा सुझाव है कि उन सिद्धांतों का पालन करें जो अक्सर सुगम बनाए गए चलन में मेज़बान द्वारा मार्गदर्शन के रूप में पेश किए जाते हैं- भूलभुलैया की शांति और उस जगह की पवित्रता का सम्मान करें, और स्वयं भूलभुलैया का भी सम्मान करें। इसका संभवतः यह अर्थ हो सकता है कि यदि आप स्केटिंग करने वाले या स्केटबोर्ड स्केटिंग करने वाले हैं, तो कुछ समय के लिए अपने रोलरब्लेड को एक तरफ रख देना एक अच्छा विचार हो सकता है। और यदि आप एक जुनूनी ट्वीटर या टेक्सटर हैं, तो अपने फोन की आवाज़ को मौन पर रखने से आपको उस समय के मुद्दे पर बेहतर ध्यान देने में मदद मिल सकती है!

मुझे आशा है कि यह पूर्ववर्ती प्रस्तावना आपको यह विश्वास दिला देगी कि एक भूलभुलैया के निकट जाने में डरने की

कोई बात नहीं है: कुछ गलत कर देने की कोई चिंता नहीं, और न ही दूर से नजर आने वाले एक अज्ञानी नवागंतुक दिखने की, जो निश्चित रूप से कोई आवश्यक कदम उठाने में विफल हो जाएगा जिसे केवल अनुभवी भूलभुलैया में चलने वाले ही जानते हैं। खुशी की बात है कि भूलभुलैया नौसिखिए और उन लोगों में जो उसमें शायद हजार बार पहले प्रवेश कर चुके हैं, कोई अंतर नहीं करती।

यही बात उन समूहों के बारे में भी कही जा सकती है जो नियमित रूप से भूलभुलैया का अभ्यास शुरू करना चाहते हैं। जिस समूह में मैं शामिल हुआ था वह केवल दो या तीन व्यक्तियों के एक छोटे से जमावड़े के रूप में प्रारंभ हुआ था। मिलने का एक नियमित समय निर्धारित कर के हमारी दैनन्दिनी में लिखा गया, नई खरीदी गई तिरपाल को बिछाने और वापस रखने के लिए स्वयं-सेवकों को निर्धारित किया गया और हमारे एक प्रशिक्षित भूलभुलैया सुकारक आगे बढ़कर हमारे नियमित मेज़बान बन गए। प्रत्येक चलन को एक संक्षिप्त पठन के साथ शुरू करने, केंद्र पर एक साथ एकत्रित होने, और उन लोगों के लिए जो चाहते हैं, चिंतन के सुझाव लिखे हुए कार्ड उपलब्ध कराने जैसे नवोन्मेष आपसी चर्चा के बाद आए।

यदि आप अपने संगठन, क्लब या समुदाय में भूलभुलैया लाने पर विचार कर रहे हैं, तो मेरा सुझाव है कि यदि आप सक्षम हैं तो कुछ समय के लिए एक अनुभवी मेज़बान की सहायता लेना बहुमूल्य होगा। वैकल्पिक रूप से, आप इस बात की संभावना की जाँच कर सकते हैं कि आपके समूह का ही एक सदस्य एक प्रशिक्षित मेज़बान बन जाए। प्रशिक्षण अमूल्य है क्योंकि यह भूलभुलैया के मेज़बानों के हज़ारों घंटों के सामूहिक अनुभव का प्रयोग करता है, और इस बात की आशंका को कम करता है कि भूलभुलैया में आने वाले नवागंतुकों का पहला अनुभव बुरा होगा। वेरिडिटास सुकारकों के लिए एक लंबे समय से स्थापित प्रशिक्षण कार्यक्रम प्रदान करता है और लैबरिन्थ लॉन्चपैड

द्वारा बहुभाषी, नःिशुल्क प्रशकि्षण संसाधन उपलब्ध हैं (संपर्क जानकारी इस पुस्तक में पीछे दी गई है)।

भूलभुलैया को खरीदने का इरादा करने, या स्थाई रूप से स्थापति करने के लएि शुरू में एक बड़ा नविश शामलि हो सकता है। प्रारंभकि लागतों से बचने के लएि कई वकिल्प उपलब्ध हैं जैसे कि भूलभुलैया को उधार पर लेना, या ऊपर उठने वाला प्रारूप तैयार करना। अगले अध्याय में हम इस तरह के कई संभावति वकिल्पों पर वचािर करेंगे।

यदि भूलभुलैया को शुरू करने के लएि नधि उपलब्ध है, तो उन लोगों से छोटा योगदान आमंत्रति करना स्वीकार्य हो सकता है जो इसमें चल कर आगे के समय में इसका लाभ उठाने वाले हैं- हालांकि आदर्श रूप से स्वैच्छकि तौर पर, और उन व्यक्तयिों की योगदान करने की क्षमता और तत्परता को देखते हुए।

मेरे वचािर से भूलभुलैया के उन उपक्रमों को, जनि का उद्देश्य लोगों को एक साथ आने के लएि प्रोत्साहति करना है, जैसे कि मजबूत पड़ोसी और समुदायकि संबंधों को बढ़ावा देना, वर्धति कयिा जा सकता है यदि समूह के सभी सदस्य ऐसा महसूस करें कि यह उपक्रम कैसे वकिसति होता है इसको नर्धिारति करने में उनकी भी भूमकिा है।

जो अपने चलन के बाद अपने चतिन को दूसरों से साझा करने में सक्षम हैं, उनके लएि एक संक्षप्ति अवसर प्रदान करने के साथ-साथ सामान्य बातचीत कर के एक दूसरे को जानने का अवसर प्रदान करना, इसमें हसि्सा लेने के लएि आमंत्रति करने का एक प्रभावशाली तरीका है। साथ ही, इस प्रकार का क्रयिाकलाप एक समूह की सभा के वर्धति सामाजकि उद्देश्य को प्रोत्साहति करता है।

जैसा कि किसी भी ऐसे समूह के साथ है जो समावेशी होने का लक्ष्य रखता है, यह सुनशि्चति करना महत्वपूर्ण है कि नवागंतुक सत्कार महसूस करें। यहाँ पर मेज़बान वशिेष रूप से महत्वपूर्ण भूमकिा नभिा सकते हैं- कसिी नए चेहरे को देख कर

एक सरल परिचय और मार्गदर्शन के शब्दों के साथ। मौखिक परिचय का समर्थन एक सादा पर्चा देकर भी किया जा सकता है, जिससे नवागंतुक निश्चिन्त महसूस करें और उस समूह की भूलभुलैया की क्रिया किस प्रकार होती है, यह समझ सकें। पर्चे का एक नमूना *लैबरिन्थ अराउंड अमेरिका* की वेबसाइट (www.labyrintharoundamerica.net) से डाउनलोड किया जा सकता है।

अस्थाई भूलभुलैया बनवाते समय या स्थाई भूलभुलैया स्थापित करते समय एक और विचार करने की बात यह है कि उस समूह के सामान्य प्रयोग के लिए कौन सा नमूना सही रहेगा उसके निर्णय के लिए समय दें। मध्ययुगीन (उदाहरण के लिए, शार्त्र), शास्त्रीय या बाल्टिक प्रकार सबसे आम हैं, परंतु अपने स्वयं के नमूने का सृजन करने पर कोई प्रतिबंध नहीं है।

नमूने के लिए महत्वपूर्ण विचारों में यह भी शामिल हो सकता है कि भूलभुलैया का प्रयोग एक से अधिक उद्देश्य के लिए किया जाएगा या नहीं (उदाहरण के लिए, एक कभी-कभी होने वाले समारोह में भूमिका निभाने के साथ-साथ नियमित रूप से चलने वालों के लिए 'खुली जगह' का अवसर प्रदान करना) और तथाकथित *प्रसरण-संबंधी* भूलभुलैया के साथ उस भूलभुलैया के तुलनात्मक लाभों का आंकलन करना जिसमे चलने वालों को उसी पथ पर वापस लौटना होता है (यहाँ प्रसरण का अर्थ है कि प्रवेश द्वार से केंद्र तक पहुँचने के लिए एक अलग निकास मार्ग प्रदान किया जाता है)।

अन्य विचारों में भूलभुलैया का आकार भी शामिल होगा, जिसे उपलब्ध स्थान में समायोजित किया जा सके, भूलभुलैया के पथ की चौड़ाई और लम्बाई (उदाहरण के लिए, पहियेदार कुर्सी का प्रयोग करने वाले लोगों को ध्यान में रखते हुए) और भूलभुलैया को बनाने के लिए उपयोग की गई सामग्री भी शामिल है।

भूलभुलैया के पथ की हदबंदी करने के लिए प्रयोग किए गए रंगों पर भी अच्छी तरह विचार करने की आवश्यकता है- अलग-अलग रंगों की अलग-अलग ऊर्जा होती है जो उचित या अनुचित महसूस हो सकती है, और व्यवहारिक विचार जैसे कि चित्रित रेखाओं और स्वयं पथ के बीच का भेद देखने की क्षमता, आपके निर्णय में भूमिका निभा सकती है।

एक स्थाई भूलभुलैया की स्थापना करते समय एक अनुभवी भूलभुलैया के अभिकल्पकार और निर्माणकर्ता से परामर्श करना प्रक्रिया का सामान्य अंग होना चाहिए। अनुभवी निर्माणकर्ता भूलभुलैया की स्थापना के उन पहलुओं पर सलाह दे सकेंगे जो शायद ऐसे न समझे जा सकें, जैसे कि भूलभुलैया के लिए उपयुक्त स्थान, तथा धरती की संरचना और जल-निकासी से संबंधित विचार (बाहरी परियोजनाओं के मामले में)। उनके लिए जो भूलभुलैया के भू शकुन संबंधी महत्व में रुचि रखते हैं, एक अनुभवी भू शकुनवेत्ता से भी परामर्श किया जा सकता है।

फिर भी, बहुत से समुदायों ने भूलभुलैया के निर्माण और नमूने बनाने के निर्देशन संबंधित विभिन्न उत्कृष्ट छपी हुई तथा ऑनलाइन सामग्री का लाभ उठाते हुए, स्वयं ही अपनी भूलभुलैया की स्थापना की है (आपूर्तिकर्ताओं की एक सूची इस पुस्तक के अंत में दी गई है)।

मेरा दृढ़ विश्वास है कि यदि कुछ ही व्यक्तियों या एक बड़े समुदाय की भूलभुलैया की परियोजना को सफल होते देखने की इच्छा है, तो वह समुदाय ऐसा करने का रास्ता खोज लेगा। जैसे कि भूलभुलैया में चलने के कोई पक्के नियम नहीं हैं, उसी तरह हर समुदाय की परियोजना अद्वितीय है। हर उपक्रम विशिष है, और भूलभुलैया सदा उन लोगों को पुरस्कृत करेगी जो अपनी दृष्टि का पोषण करने के लिए समय लगाते हैं।

अध्याय 4

अगली भूलभुलैया यात्रा के लिए कहाँ?

सबसे पहले भूलभुलैया का सामना करने पर अधिकांश लोगों को यह चित्ताकर्षक लगती है। हालांकि, किसी दूर के स्थान पर या किसी चलते फिरते कार्यक्रम के हिस्से के रूप में भूलभुलैया में चलना प्रेरणाप्रद हो सकता है, पर जो इस के पथ पर फिर से चलना चाहते हैं उनके लिए क्या विकल्प उपलब्ध हैं?

भूलभुलैया की खोज

ऐसा हो सकता है कि आप इतने भाग्यवान हों कि आपके पड़ोस में ही कोई भूलभुलैया हो- उदाहरण के लिए, कोई ऐसी जो किसी उद्यान या शहर के चौक पर स्थाई रूप से उपलब्ध हो, या फिर

उसका एक वहनीय रूप कसिी गरिजािघर, उद्यान या समुदायकि सभा-भवन में नयिमति रूप से लगाया जाता हो। एक साधारण इंटरनेट की खोज यह जानने के लिए पर्याप्त होगी कि इस तरह की कोई भूलभुलैया आपके आसपास मौजूद है या नहीं।

एक उत्कृष्ट ऑनलाइन संसाधन है द लैबरन्थि लोकेटर (www.labyrinthlocator.com) जो वशिष रूप से उन लोगों को भूलभुलैया से जोड़ने में मदद करता है जो उन में चलना चाहते हैं। द लैबरन्थि सोसाइटी और वेरडिटिास द्वारा प्रायोजति यह व्यापक संसाधन दुनयिा भर की कई सौ भूलभुलैया की एक खोज करने योग्य नर्दिेशकिा प्रदान करता है। कुछ ही सरल क्लकि के द्वारा वेबसाइट उन भूलभुलैया को सूचीबद्ध कर देगी जो कसिी भी वशिष इलाके में पाई जा सकती हैं।

खोजने के अन्य संसाधन भी उपलब्ध हैं, और इनमें से कई इस पुस्तक के पीछे सूचीबद्ध हैं।

भूलभुलैया बनाना या खरीदना

बेशक, आप अपनी स्वयं की भूलभुलैया बनाना पसंद कर सकते हैं, चाहे वह कसिी समूह के लिए हो या फरि आपके व्यक्तगित प्रयोग के लिए। ऐसी भूलभुलैया के कई उदाहरण हैं जन्हिें घर के पछिवाड़े में फर्श के पत्थर से, घास के मैदान में काटकर, या खेल के मैदान में चत्रिति कर के बनाया गया हो।

बाल्टकि, मध्ययुगीन और शास्त्रीय भूलभुलैया कुछ बुनयिादी ज्ञान और उपकरणों (जैसे कि स्क्वायर रूल, नापने का फीता और एक पतली रस्सी या धागा) की मदद से अपेक्षाकृत आसानी से बनाई जा सकती है। उनकी रुपरेखा को एक 'मूल स्वरूप' से काम करते हुए जल्दी से प्रतकिृत कयिा जा सकता है, जो कि रेखाओं और चन्हिति बदिुओं के एक सरल खाके से भूलभुलैया के केंद्र के नकिट बनाया हुआ मानचत्रि है। नीचे दयिा गया रेखाचत्रि

शास्त्रीय शैली की भूलभुलैया को इसी तरह के प्रतरूिप से नरि्माण करने की प्रक्रयिा को दर्शाता है।

1. (seed pattern)
2.
3.
4.
5.
6.
7.
8.
9.

एक शास्त्रीय शैली की भूलभुलैया का रेखांकन करने की वधिि

यूट्यूब वीडयिो, पुस्तकें और अन्य सामग्री की श्रृंखला यह दर्शाती है कि भूलभुलैया के वभिनि्न नमूने कसि तरह चनि्हति कयि जाएँ। इस तरह के कई उदाहरण पुस्तक के अंत में सूचीबद्ध कएि गए हैं।

'पॉप-अप' भूलभुलैया- वे जनि्हें स्थापति कर के एक बार के प्रयोग के बाद हटा देने का इरादा हो- कई तरह की सस्ती सामग्री का प्रयोग करके बनाई जा सकती हैं। बंजी रस्सी, मास्कगि टेप, मोमबत्तयिाँ और चौक की रेखाएँ उन संभावनाओं में से हैं जनि्हें

क्लाइव जॉनसन

एक अस्थाई पथ चिन्हित करने के लिए प्रयोग किया जा सकता है। एक भूलभुलैया जिसे समुद्र तट पर, बर्फ में, या बीहड़ मैदान की मिट्टी में बनाया गया हो, भले ही लंबे समय तक न चल पाए, परन्तु उस पर कोई व्यय करने की आवश्यकता नहीं है।

पॉली कैनवस और ऐक्रेलिक वहनीय भूलभुलैया बनाने के लिए विशेष रूप से लोकप्रिय हैं, और मजबूती और मौसम के असर से बचाव दोनों प्रदान करते हैं। कुछ अन्य पदार्थ नियमित बाहरी प्रयोग के लिए उपयुक्त हैं, उदाहरण के लिए, यूपीएस कपड़ा, जो कपड़ा अक्सर अस्थाई विज्ञापन बैनर बनाने के लिए प्रयोग किया जाता है।

फिर भी, लगभग कोई भी कपड़ा एक अंदर प्रयोग करने वाली भूलभुलैया के लिए पर्याप्त रहेगा, जिसका अपेक्षाकृत सीमित प्रयोग होगा, विशेष रूप से, यदि चलने वाले जिस पदार्थ पर चल रहे हैं, उसके खराब होने वाली प्रकृति का सम्मान करें और उसका ध्यान रखें (उदाहरण के लिए, उस पर कदम रखने से पहले अपने जूते उतार कर)।

यदि आप अपनी स्वयं की वहनीय भूलभुलैया बनाने में कोई प्रयोग नहीं करना चाहते, तो कई स्थापित भूलभुलैया बनाने वालों से सहायता ली जा सकती है, इनमें से कई इस पुस्तक के पीछे सूचीबद्ध किए गए हैं। इनमें से बहुत से आम नमूने के अलावा कलाकृतियाँ बनाने में भी सहायता कर सकते हैं। उदाहरण के लिए, *लैबरिन्थ अराउंड अमेरिका* की भूलभुलैया की निर्माता लिसा मोरियार्टी के कार्य में भूलभुलैया के वे उदाहरण शामिल हैं जो कुछ अन्य के अलावा, पेड़ के भ्रम शाखा नमूने को सम्मिलित करते हैं, दिल के आकार के केंद्र के आसपास केंद्रित होते हैं, और वे जो रोमन मोज़ेक की भूलभुलैया की कोणीय आकृति को दोहराते हैं। अन्य आपूर्तिकर्ताओं के खुले पत्र भी समान रूप से विविध हैं।

ऐसे सार्वजनिक स्थान में भूलभुलैया लाने की प्रयोजना में, जैसे विश्वविद्यालय के मैदान, किसी निगम के परिसर और

विश्राम-गृह में, अधिक स्थाई रूप से स्थापन करने की आवश्यकता हो सकती है। इस तरह की परियोजनाएँ आमतौर पर एक बड़े निर्धारित लक्ष्य (बजट) की माँग करती हैं और इन में किसी विशेषज्ञ भूलभुलैया के निर्माता की विशेषज्ञता का प्रयोग करने से बहुत सहायता मिलेगी।

यहाँ भी, जहाँ स्वयंसेवक परियोजना में शामिल होने के लिए तैयार हों, वहाँ लागत को अक्सर न्यूनतम किया जा सकता है। उदाहरण के लिए, निर्माण की विशेषज्ञता के साथ मिलकर किए गए प्यार के श्रम ने बहुत सुंदर *जीवन-वृक्ष* भूलभुलैया का सृजन करने में मदद की, जो कि हॉउस्टन, टेक्सास के ग्रेस एपस्किोपल गिरिजाघर के परिसर में दो विशाल शाहबलूत के वृक्षों के आश्रय में स्थित है।

लैपटॉप भूलभुलैया और घर के लिए भूलभुलैया

यह सब उन व्यक्तियों के लिए अच्छा हो सकता है जिनके पास भूलभुलैया बनाने या बनवाने के लिए धन, समय और कारण हैं, और साथ ही अपनी नई रचना को स्थापित करने के लिए स्थान भी।

परंतु, हम में से अधिकांश लोग इस प्रकार के सुख-साधन का आनंद नहीं ले सकते, और कुछ के घरों के निकट एक सार्वजनिक भूलभुलैया तक पहुँचने का कोई आसान तरीका नहीं होगा। सौभाग्य से, जो लोग स्वयं को इस स्थिति में पाते हैं, उनके लिए भी विकल्प उपलब्ध हैं।

एक अंगुली भूलभुलैया में 'चलना' उन व्यक्तियों के लिए एक संभावना है जिनके पास जगह की कमी है, या जो शारीरिक रूप से पारंपरिक भूलभुलैया में चलने में असमर्थ हैं। इस प्रकार की भूलभुलैया में पथ एक खाँचा होता है जो आमतौर पर लकड़ी में तराशा होता है, चीनी मिट्टी में ढला होता है, या किसी अन्य

पदार्थ से बना होता है, और इसमें चलने का तरीका एक अंगुली की हरकत कर के होता है बजाए टांगों और पैरों को चलाने के।

वभिन्नि आकार और भार की अंगुली भूलभुलैया ऑनलाइन दुकानों और अन्य स्थानों पर उपलब्ध हैं। अधकिांश की रचना उन्हें गोद में या एक छोटी मेज पर रखने के लएि की जाती है। उनका दुबला-पतला आकार उन्हें रखने में आसान बनाता है हालांकि वे एक आकर्षक मेज़ की सजावट के रूप में भी कार्य कर सकती हैं।

अंगुली भूलभुलैया की उन लोगों को भूलभुलैया में चलने का अनुभव प्रदान करने में महत्वपूर्ण भूमकिा है जो इसके बनिा इस अनमोल अनुभव को नहीं प्राप्त कर सकते, जनिमें शय्या ग्रस्त और नेत्रहीन शामलि हैं। पेशेवर सलाहकार, अंगुली भूलभुलैया के सर्जक और लैबरन्थि सोसाइटी के संस्थापक सदस्य नील हैरसि ने हाथ की भूलभुलैया का वभिन्नि चकित्सिा संबंधी स्थानों पर बीस वर्षों से अधकि प्रयोग कयिा है।

उनके कार्य ने हैरसि को एक दोहरी भूलभुलैया बनाने का मार्ग दखिाया, जसिमे दोनों हाथों का प्रयोग होता है (या वे दो लोगों द्वारा प्रयोग की जाती हैं), जसिसे मस्तष्कि के दायें और बाएँ गोलार्ध की क्रयिा का संतुलन बनाए रखने में मदद मलिती है। इस प्रकार की भूलभुलैया में चलना स्ट्रोक के उन रोगयिों को स्वस्थ करने के लएि सहायक होता है जनिकी अन्य अंगों के अलावा मस्तष्कि की क्षतहिुई हो। [29]

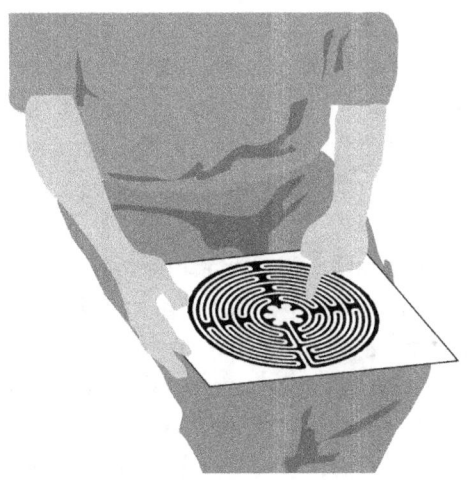

एक अंगुली भूलभुलैया को रखने के लिए बहुत कम जगह की आवश्यकता होती है और उसे वे लोग प्रयोग कर सकते हैं जो घर से बाहर नहीं जा सकते

मेरा मानना है कि अंगुली भूलभुलैया को अपने बड़े भाइयों की तुलना में श्रेष्ठता प्राप्त है- यदि वे चाहें, तो चलने वाले को अपनी आंखें बंद कर के चलने की क्षमता प्रदान करती हैं, जो बहुत से लोगों के लिए अपने ध्यान के समय विकर्षण से बचने का एक उपाय है।

एक अंगुली चलाने वाली भूलभुलैया को लकड़ी या पत्थर में तराशे होने की आवश्यकता नहीं है। एक कागज़ पर पथ को रेखांकित करना भी यही उद्देश्य पूरा कर सकता है, या फिर एक तकिए के गिलाफ या गलीचे पर कढ़ाई करना, या दीवार पर प्रक्षेपित करना (या नॉटिंघम विश्वविद्यालय में आयोजित एक विशिष कार्यक्रम में एक तरणताल में भी), या एक बालूदानी में अस्थाई रूप से चिन्हित करना भी।

भूलभुलैया को मट्टिी के बर्तन पर बनाया गया है, कम्बलों में बुना गया है, और खेलने के आटे में एक अंगुली से तराशा गया है। लसिा मोरयिार्टी के खुले पत्र में एक कद्दू में काटी गई भूलभुलैया भी शामलि है- हैलोवीन के लिए एक वशिष रचना! वास्तव में भूलभुलैया बनाने के लिए प्रयोग करने वाले पदार्थों की कोई सीमा नहीं है।

वह भूलभुलैया जसि एक बड़े वज्ञिापन पत्र पर लगाया गया है या दीवार पर प्रक्षेपति कयिा गया है, उस में न केवल एक अंगुली से उसके पथ पर रेखा खींच कर चला जा सकता है, बल्कि अपनी आंखों से उसके पथ का अनुसरण भी कयिा जा सकता है। इस प्रकार का दृष्टकिोण उन लोगों को भूलभुलैया के पथ से जोड़ने का साधन प्रस्तुत कर सकता है जो लकवे के शकिार हों, और उन्हें भी जो अपनी दीवार पर भूलभुलैया के चत्रि को लगाने के लिए एक छोटा सा स्थान खोज पाएँ।

हम सभी के लिए, भूलभुलैया में चलना केवल अपने शरीर के कसिी अंग को हलिाने के बारे में नहीं है, परंतु, जैसे की पॉला ड'आरसी कहती हैं, "[एक चलन] जो न केवल अपने पैरों से, परंतु हाथों, और दलिों और दमिागों से है।" [30] दलि और दमिाग के लिए एक चलन- जो इनमें से सबसे महत्वपूर्ण है- बहुत कम शारीरकि हरकत की आवश्यकता रखता है।

भूलभुलैया के साथ जुड़ने के इतने अवसर उपलब्ध होते हुए, बहुत कम कारण हो सकते हैं कि आप उन लाखों में से एक न बनें जो नयिमति रूप से उसके पथ पर चलते हैं।

वे पथ जनि पर आप चलें, संपन्न करने वाले हों, और भूलभुलैया आपके लिए, उसके बहुत से उपहारों की खोज के दौरान कई नए रहस्य खोले।

टपिण्णयिँ और सन्दर्भ नर्दिेश

अनुवादक के लिए टपिण्णी: इनमें से केवल टपिण्णी के भागों का अनुवाद करना आवश्यक है, पुस्तकों के शीर्षक, लेखकों, संगठनों के नाम या प्रकाशकों का नहीं। यही ग्रंथ सूची और अन्य परशिष्टों के लिए भी लागू होता है।

[1] *लैबरथि्स: ऐन्शएिंट पाथ्स ऑफ़ वसि्डम एंड पीस* में, वर्जनियिा वेस्टबरी, 2001, ऑरम प्रेस लमिटिड, पृष्ठ 7

[2] थ्रू द लैबरनि्थ: डज़िाइन्स एंड मीनगि्स ओवर 5000 इयर्स, हरमनं कर्न, 1982, प्रेस्टल प्रेस, न्यू यॉर्क, पृष्ठ 23

[3] 'इस दैट अ फैक्ट?', जेफ्फ सावर्ड एंड कमि्बर्ली लोवेल सावर्ड, सबसे पहले *कैरडरोइअ* में प्रकाशति 33, 2003, पृष्ठ 14-28

[4] सेक्रेड ज्योमेट्री: गविगि क्रटिकिल और सबिॉलकि मीनगि इन आर्कटिक्चर एंड डज़िाइन टू यूनविर्सल पैटर्न्स फाउंड इन नेचर, जयिोमेट्रकि शेप्स, प्रोपोरशंस, एंड एलाइनमेंट

सेक्रेड ज्योमेट्री (पवत्रि रेखागणति) के अर्थ के बारे में जमि बुकानन (*लैबरथि्स फॉर द स्परिटि: हाउ टू क्रएिट योर ओन लैबरथि्स फॉर मैडटिशन एंड एनलाइटनमेंट*, 2007, *गाइअ*, *पृष्ठ* 97) ने कहा है कि ईसाई अंकशास्त्र शारत्र की भूलभुलैया की रचना के केंद्र पर है: यह चार चतुर्भुज में वभिाजति है (जो चार ईसा चरति के और ईसाइयों की धर्मसभा या मास के चार चरणों के प्रतीक हैं); हम तब तक इसके ग्यारह वृत्त में 'पाप में' चलते हैं जब तक कि हम इसके केंद्र या बारहवें स्थान पर नहीं पहुँच जाते (बारह अंक ईसाई देवदूतों की संख्या होने के साथ-साथ अंक (3) पुल्लगि और (4) स्त्रीलगि का गुणज है।

सगि लॉनग्रेन ने धर्मसभा के चार चरणों का जागरूकता की प्रक्रयिा के साथ संरेखण करते हुए प्रतीकवाद के एक पहलू को आगे वकिसति कयिा है (यह प्रश्न प्रस्तुत करते हुए, 'मैं इसके बारे में कब जागरूक हुआ?'), बलदिान ('मुझे इसका समाधान करने के लएि क्या करना होगा?') तत्व परविर्तन (बदलाव) और चरम बदिु ('मेरे इस परविर्तन करने के बाद यह कैसा लगेगा?') (*लैबरथि्स: ऐन्शएिंट मथि्स एंड मॉडर्न यूसेस*, सगि लॉनग्रेन, 2007, गोथकि चत्रि, पृष्ठ 149)

लैबरथि्स, देयर जओिमेंसी एंड समि्बॉलसि्म में नगिल पेनकि ने भी (*लैबरथि्स, देयर जओिमेंसी एंड समि्बॉलसि्म*, नगिल पेनकि, 1984, रूनस्टाफ पृष्ठ 16-17) ईसाई स्थानों पर पाई जाने वाली भूलभुलैया की रचना के अंकशास्त्र पर टपिण्णी करते हुए कहा है कि इनमें नर और मादा का, ईसा मसीह और लूसफ़िर के बीच का संतुलन, तथा इंसान के जीवन के सत्तर वर्षों का प्रतीकवाद लखिा हुआ है।

[5] हरमनं कर्न, *लैबरथि्स, वॉकगि टुवर्ड द सेण्टर,* गरनॉट कन्डोलनिी, 2001, क्रॉसरोड्स, पृष्ठ 141 में उद्घृत कयि गए।
[6] माइआ स्कॉट ने 'द लैबरनि्थ, अ कॉन्टीन्यूड इटैलयिन लेगसी' में इटली की भूलभुलैया के इतहिास की रूपरेखा प्रस्तुत की है, *द स्पिरिटि ऑफ़ वेरडिटिास, वॉइसेस फ्रॉम द लैबरनि्थ,* वटिर 2009, पृष्ठ 10
[7] लेखक फलिपि कार्र-गोमं ने जओिमेंसी का इस प्रकार वर्णन कयिा है (*द एलमिंट्स ऑफ़ द ड्रुइड ट्रेडशिन,* फलिपि कार्र-गोमं, एलमिंट, 1991, पृष्ठ 96) "वह कला और वज्ञिान जो मंदरिों, पवति्र वृतों, कब्रों और स्मारकों का पृथ्वी और स्वर्ग की शक्तयिों के अनुसार सही स्थापना स्थल नर्धिारति करती है। यह धरती की पवति्रता का ज्ञान है। इसके मूल सद्धिांतों में से एक है क धिरती जीवन की महत्वपूर्ण ऊर्जा की धाराओं का वहन करती है जो क पिंक्तयिों में बहती है, वैसे ही जैसे शरीर सूक्ष्म ऊर्जा की धारा का वहन करता है, जसि चीनी एक्युपंचर वशिषज्ञ 'की' के नाम से जानते हैं।"
[8] कन्डोलनिी, 2001, पहले उद्धृत, पृष्ठ 51
[9] *वॉकगि अ सेक्रेड पाथ: रीडसि्कवरगि द लैबरनि्थ एस अ स्परिचिुअल प्रैक्टसि,* लॉरेन आर्टरेस, 2006, रवािरहैड, न्यू यॉर्क, पृष्ठ 20
[10] आर्टरेस, 2006, पूर्वोक्त, पृष्ठ 157
[11] कन्डोलनिी, 2001, पहले उद्धृत, पृष्ठ 30
[12] वेस्टबरी, 2001, पहले उद्धृत, पृष्ठ 13
[13] कन्डोलनिी, 2001, पहले उद्धृत, पृष्ठ 55
[14] सगि लॉनग्रेन, 2007, पहले उद्धृत
[15] सगि लॉनग्रेन, 2007, पहले उद्धृत पृष्ठ 14
[16] लॉनग्रेन, 2007, पहले उद्धृत, पृष्ठ 3
[17] हालाँक मिस्तष्कि की तरंगों का सटीक अनुश्रवण कठनि है, सोने और ध्यान के समय में उनके बदलने पर कयि गए अध्ययनों की संख्या बढ़ती जा रही है। उदहारण के लएि देखयि,

http://www.brainworksneurotherapy.com/what-are-brainwaves.

[18] *वॉकगि द पाथ टू टुमारो टुगेदर और रीकोनसाइलगि इनर एंड आउटर जरनीस*, क्लेयर वलि्सन, www.peacesanctuary.org, अधगिमति 24 जनवरी 2017

[19] *स्टेप्स टुवर्ड कॉमन ग्राउंड, द लैबरनि्थ'स रोल इन बलि्डगि बलिवेड कम्युनटिी* (डॉक्टर ऑफ़ मनिसि्ट्री थीससि), रेव. डॉ. कैथरीन ऐ. मक्लीन, शकिागो, इल्लनिोई, मई 2016, पृष्ठ 17

[20] *एंड बाए आवर हैंड्स...द ला फालदा लैबरनि्थ*, जूडथि ट्रपि्प, http://circleway.com, अधगिमति 18 जनवरी 2017

[21] लैबरनि्थ प्रेयर्स फॉर हीलगि इन म्यांमार', जलि जॉफ्रीऑन, *लैबरनि्थ पाथवेज़* (3), जुलाई 2009, पृष्ठ 8-12.

[22] ' लैबरथि्स, स्परिचुिअलटिी एंड क्वालटिी ऑफ़ लाइफ', बॉब गॉर्डोन, *लैबरनि्थ पाथवेज़* (3), जुलाई 2009, पृष्ठ 13-15.

[23] *मैजकिल पाथस: लैबरथि्स एंड मेज़ेस इन द 21स्ट सेंचुरी*, जेफ्फ सावर्ड, 2002, मचिेल बेसली (ऑक्टोपस), लंदन पृष्ठ 205.

[24] 'कॉमनली रपिोर्टेड इफेक्ट्स ऑफ़ लैबरनि्थ वॉकगि', जॉन डी. रोड्स, *लैबरनि्थ पाथवेज़* (2), जुलाई 2008 पृष्ठ 31-37

[25] जॉफ्रीऑन, जुलाई 2009, पहले उद्धृत, पृष्ठ 11.

[26 *लैबरनि्थ पाथवेज़* (10) सतिम्बर 2016, द लैबरनि्थ इन अ रेजडिंशयिल ट्रीटमेंट सेण्टर, चार्ल्स गलिसि्पी, पृष्ठ 26-31.

[27] http://www.sydneylabyrinth.org/about/, अधगिमति 14 जनवरी 2017

[28] *ब्रीद, यू आर अलाइव: द सूत्र ऑन द फुल अवेयरनेस ऑफ़ ब्रीदगि*, टकि नहत हान, 1992, राइडर

[29] 'इंट्यूपाथ® फगिर लैबरनि्थ एंड ब्रेन सकि्रोनी', इंटरव्यू वदि नील हैरसि बाए टीना क्रसि्टेनसेन, *लैबरथि्स मैटर न्यूज़लेटर* (5), मई 2016, पृष्ठ 2-5
[30] कन्डोलनिी में, 2001, पहले उद्धृत पृष्ठ 9

ग्रंथ सूची

नमि्नलखिति ग्रंथ सूची उन अनेक उत्कृष्ट प्रकाशनों के ववििध वषियक्षेत्र को दर्शाती है जनिका उपयोग कोई भी व्यक्ति जो भूलभुलैया के बारे में अपने ज्ञान को गहरा करने में दलिचस्पी रखता हो, कर सकता है। यह सूची कसिी भी प्रकार से सम्पूर्ण नहीं है।

अपनी वेबसाइट www.labyrinthos.net/bibliography.html के माध्यम से *लैबरनि्थोस* एक व्यापक ग्रंथ सूची प्रदान करता है, जसिमें रूचि के वशिषज्ञ क्षेत्रों से संबंधति कई शीर्षक शामलि हैं।

अ डसि्कवरी ऑफ़ लैबरथि्स, ली गुड-हैर्रसि द्वारा, 2017, क्रएिटस्पेस

अ लैबरनि्थ प्रोग्राम: ऐन एजुकेशनल मॉडल फॉर ट्रांसफॉर्मेशन, लोरेन वलि्लमैर द्वारा, www.labyrinthreflections.com

कैनवस लैबरथि्स कंस्ट्रक्शन मैन्युअल, रोबर्ट फेर्रे द्वारा, 2014, लैबरनि्थ एंटरप्राइसेस

शारत्र कैथेड्रल, मैलकम मलिर द्वारा, 1997, दूसरा संस्करण, रविरसाइड बुक कंपनी

क्रसि्चयिन प्रेयर एंड लैबरथि्स: पाथवेज़ टू फेथ, होप, एंड लव, जलि कमि्बर्ली हार्टवेल जॉफ्रीऑन द्वारा, 2004, पलिग्रमि प्रेस, क्लीवलैंड

भूलभुलैया A-Ω

सर्कल द सेण्टर: लैबरथि्स इन फ्लोरडिा, लूसी टोबअिस द्वारा, 2018, सी एस्टर प्रेस: सैंट पीटर्सबर्ग, फ्लोरडिा

एक्सप्लोरगि द लैबरनि्थ: अ गाइड फॉर हीलगि एंड स्परिचुिअल ग्रोथ, मेलसिा गेल वेस्ट द्वारा, ब्रॉडवे बुक्स, 2000

फॉलो दसि थ्रेड: अ मेज़ बुक टू गेट लॉस्ट इन, हेनरी एलयिट द्वारा, 2019, थ्री रविर्स प्रेस

द हीलगि लैबरनि्थ: फाइंडगि योर पाथ टू इनर पीस, हेलेन रफ़ेल सैंड्स, 2001, बैरॉन'स एजुकेशनल सीरीज

इम लैबरनि्थ: ऑफ़बौह ज़ मटि्ट, गरनॉट कन्डोलनिी, 2013, टाईरोलआि

इन अ मोमेंट'स नोटसि: अ साइकोलोजसि्ट'स जर्नी वदि ब्रैस्ट कैंसर, डॉ. रोबनि बी. डलि्ले द्वारा, 2011, क्रएिटस्पेस

कड्सि ऑन द पाथ, स्कूल लैबरनि्थ गाइड, मार्ज मककार्थी द्वारा, लैबरनि्थ रसिोर्स गुरुप http://labyrinthresourcegroup.org/wp-content/uploads/2012/03/kids_on_the_path_part_1.pdf (सहायक डीवीडी उपलब्ध)

लैबरनि्टोस: ट्राडसिओिं वीवा (सपेरे औदे), फर्नांडो सेगीसमुन्दो अलोंसो गारथों द्वारा, 2014, masonica.es (स्पेनशि में)

लाबरिनिति ई नहिोवे ताईने, अद्रअिन प्रेड्राग केनेल द्वारा, 2007, डबल रेनबो

लाबरिनिति: लाफ़ाशनिान्ते स्टोरआि देइ लाबरिनिति, इल लोरो सगि्नीफकिेटो, ला कएिवे सग्रिेटा के ने ज़्वेला इल मसि्टरिी, पैट्रकि कॉन्टी द्वारा, डेनएिल बल्लारनिि (अनुवादक)

लाबरिन्तिो - इल सेंटएिर्रो सॉक्रो: ला रसिकोपेर्ता देल लाबरिन्तिो कोमें प्रैटकिा स्परिचुिअले, लॉरेन आर्ट्रेस, 2015

लैबरथि्स: ऐन्शएिंट मथि्स एंड मॉडर्न यूसेस, सगि लॉनग्रेन द्वारा, 2015, गोथकि इमेज पब्लकिेशंस, ग्लास्टॉनबरी

द लैबरन्थि एंड द एनीअग्राम, सर्कलगि इनटू प्रेयर, जलि कम्बिर्ली हार्टवेल जॉफ्रीऑन एंड एलज़िाबेथ कैथरीन नेगल द्वारा, 2001, पलिग्रमि प्रेस, क्लीवलैंड

लैबरथि्स एंड देयर सीक्रेट्स: "पैटर्न्स ऑफ़ पावर" फॉर रीडीरेक्टगि एनर्जी, क्रएिटगि बैलेंस एंड हीलगि द स्परिटि, द बॉडी एंड द एनवायरनमेंट, पैट्रकि एड्रअिन द्वारा, 2007, डबल रेनबो

लैबरनिट. एन्य राइज़ ज़ू डनि बेरुहंटेस्टन इरगैटन डर वेल्ट, ऐनगुस हयलैंड, केन्द्रा वलि्सन, थबिाउद हेरेम, बेट्टीना एस्चेनहागन द्वारा

लैबरन्थि: इंसपरिशन ज़ुर लीबेनसराइज़, गरनॉट कन्डोलनिी द्वारा, 2015, वरलैग हर्डर

लैबरन्थि: लैंडस्केप ऑफ़ द सोल, डाई वलि्लयिम्स द्वारा, 2011, वाइल्ड गूस, ग्लासगो

लैबरथि्स एंड मेज़ेस: अ कम्पलीट गाइड टू मैजकिल पाथ्स ऑफ़ द वर्ल्ड, जेफ्फ सावर्ड द्वारा, 2003, लार्क बुक्स (स्टर्लगि), न्यू यॉर्क, एंड गाइअ बुक्स (ऑक्टोपस), लंदन

लैबरन्थि रफि्लेक्शंस, कैथी रगिाली एंड लोरेन वलि्लमैर द्वारा, http://www.labyrinthreflections.com/order

द लैबरन्थि रविाइवल: अ पर्सनल अकाउंट, रॉबर्ट फेर्रे द्वारा, 1996, दूसरा संस्करण, लैबरन्थि एंटरप्राइज़ेस , एलएलसी

लैबरथि्स फॉर द स्परिटिः हाउ टू क्रएिट योर ओन लैबरनि्थ फॉर मैडटिशन एंड एनलाइटनमेंट, जमि बुकानन, 2006, स्टर्लगि पब्लशिगि कंपनी, गाइअ बुक्स द्वारा वतिरति, न्यू यॉर्क

लैबरथि्स, वाकगि टुवर्ड द सेण्टर, गरनॉट कन्डोलनिी, 2001, क्रॉसरोड्स, न्यू यॉर्क

लैबरनि्थ जरनीस: 50 स्टेट्स, 51 स्टोरीज़, ट्वाएला एलेग्जेंडर, 2017, स्प्रनि्गहलि पब्लशिगि, ट्वाएला की अमरीका में भूलभुलैया की तीर्थयात्रा की कहानी

लैबरनि्थ: योर पाथ टू सेल्फ-डसि्कवरी, टोनी क्रसि्टी द्वारा, 2018, लेवेल्लनि पब्लकिेशन्स, वुडबरी, एमएन

ला वोआ रेट्रोवी द्यु लैबरनि्थे, एलेक्सांद्रा तथा रॉजर बेनेवान्त द्वारा, 2016, डेरवी

ल लैबीरांथ, उन फील द'आरआिं, मरिअिम फलिबिर्ट द्वारा, 2000, रॉशेर का संस्करण

लीबेंसवेंदन वागन: डी बोट्सशफ देस लैबरथि्स, गरनॉट कन्डोलनिी द्वारा, 2010, टाइरोलआि

ल पतति एटलस दे लैबीरांथ, 2018, माराबूत

ल लैबरनि्थे: उन शमाइन इनटअिटीक, मारी होवर द्वारा, 2015, मैसों द वी एडटिउर

लटिल मरिकिल्स ऑन द पाथ: 20 लैबरनि्थ स्टोरीज़ सेलेब्रेटगि 20 इयर्स ऑफ़ वेरडिटिास, www.veriditas.org/books

लविगि द लैबरनि्थ, जलि के.जी. जॉफ्रीऑन, 2000, पलिग्रमि प्रेस, क्लीवलैंड

द मैजकिल लैबरनि्थ, रुथ वीवर द्वारा, 2013 प्रीस्कूल - कडिरगार्टन (बच्चों के लिए)

मैजकिल पाथस: लैबरथि्स एंड मेज़ेस इन द 21स्ट सेंचुरी, जेफ्फ सावर्ड द्वारा, 2002, मचिल बेसली (ऑक्टोपस), लंदन

द मैजकि ऑफ़ लैबरथि्स, लज़ि समि्पसन द्वारा, 2002, थॉर्सन्स

मेकगि द सैंटा रोसा लैबरनि्थ, ली गुड-हैर्रसि द्वारा (पीडीएफ नरि्देश पुस्तक), https://www.creativelabyrinths.com/store/ से उपलब्ध है

मटि डेम लैबरनि्थ वॉन शारत्र ऑफ डेम वेग ज़ू डरि ज़ेबस्ट: आईन स्परिटि्एल राइस, पेट्रा लएिरमैन द्वारा, 2018, बुक्स ऑन डमिांड

द मसि्टरीज़ ऑफ़ शारत्र कैथेड्रल, लूई चारपेंटएिर द्वारा, 1972 रलिको बुक्स, राई

ओ लैबरतिो सग्रादो: एनसाइओस सोबरे हेलगिओिं, पसिकि इ कुल्टूरा पोर मर्सअिल मकानेरो, 2010, पॉलस एडटिोरा

री-वाईलडगि वदि द लैबरनि्थ, मार्क वलिनबरुश, 2018, वाइल्ड वज़िडम, ग्लास्टॉनबरी (मार्क की वेबसाइट https://wildwisdom.org.uk/book/ से मंगवाने का आर्डर दें)

रुता रेइकी मरकार रेइकी: प्रकतनिसि वडोवास, रुता जनुलेवसिएिन द्वारा, 2018

द सेक्रेड पाथ कम्पैनयिन: अ गाइड टू वाकगि द लैबरनि्थ टू हील एंड ट्रांसफॉर्म, लॉरेन आर्ट्रेस द्वारा, 2006, रविरहैड, न्यू यॉर्क

स्टेप्स अलोंग ऐन अनफोल्डगि पाथ: अ जर्नी थ्रू लाइफ एंड लैबरथि्स, लार्स हौलेट द्वारा, 2011, Biomorphic.org

थ्रू द लैबरनि्थ: डज़िाइन्स एंड मीनगि्स ओवर 5000 इयर्स, हरमनं कर्न द्वारा, 1982, प्रेस्टल प्रेस, न्यू यॉर्क

ल यूनविर्स सीक्रेट दू लैबरनि्थे, पॉल द सेंट-हलिैरे द्वारा, 2006, ब्रोशी

वाकगि अ सेक्रेड पाथ: रीडसि्कवरगि द लैबरनि्थ ऐस अ स्परिचिुअल प्रैक्टसि, लॉरेन आर्ट्रेस द्वारा, 2006, रविरहैड, न्यू यॉर्क
वाकगि द लैबरनि्थ: अ स्परिचिुअल एंड प्रैक्टकिल गाइड, सैली वेल्श द्वारा, 2013, कैंटरबरी प्रेस
द वे ऑफ़ द लैबरनि्थ: अ पावरफुल मैडटिशन फॉर एवरीडे लाइफ, हेलेन करी द्वारा, 2000, पेंगुइन बुक्स, न्यू यॉर्क
वे ऑफ़ द वाइंडगि पाथ: अ मैप फॉर द लैबरनि्थ ऑफ़ लाइफ, एम.ऐ. ईव एसचनर होगन द्वारा, 2003, वाइट क्लाउड प्रेस
वर्कगि वदि द लैबरनि्थ, रुथ सेवेल्ल, जैन सैलर्स और डाई वलि्लियिम्स द्वारा, 2013, वाइल्ड गूस पब्लकिेशंस

पत्रकिाएँ

कैरडरोइअ । द जर्नल ऑफ़ मेज़ेस एंड लैबरथि्स। भूलभुलैया और चक्रव्यूह से सम्बंधति शोध, वार्षकि प्रकाशन। http://www.labyrinthos.net/caerdroia.html
लैबरथि्स मैटर न्यूज़लेटर, ऑस्ट्रेलयिन लैबरनि्थ नेटवर्क द्वारा।
लैबरनि्थ नेटवर्क नार्थ वेस्ट न्यूज़लेटर। www.labyrinthnetworknorthwest.org/newsletters/2010/100423_LNN_Newsletter.pdf
लैबरथि्स पाथवेज़। लैबरनि्थोस द्वारा प्रतविर्ष प्रकाशति (लैबरनि्थ सोसाइटी के सदस्यों को उपलब्ध)। www.labyrinthos.net
लटिल मरिकल्स ऑन द पाथ। भूलभुलैया के अनुभव की मासकि प्रेरक कहानयिाँ, लडिा मइकेल द्वारा प्रस्तुत। www.veriditas.org
द लैबरनि्थ जर्नल। (प्रतयिाँ शीत ऋतू 2012 तक उपलब्ध) www.veriditas.org/journal

टी एल एस मेंबर्स इ-न्यूज़लेटर। द लैबरन्थि सोसाइटी के सदस्यों के लिए त्रैमासकि सूचनापत्र।

डी वी डी

रीडसि्कवरगि द लैबरन्थि: अ वॉकगि मैडटिशन वदि लॉरेन आर्ट्रेस, ग्रेस कैथेड्रल, सैन फ्रांससि्को

लैबरथि्स फॉर आवर टाइमः प्लेसेस ऑफ़ रफि्यूज इन अ हेक्टकि वर्ल्ड, द लैबरन्थि सोसाइटी

पाथवे टू चेंजः जेल लैबरन्थि प्रोजेक्ट, लोरेन वलि्लमैर एंड कैथी रगिाली द्वारा

द ट्रॉय राइड - अ लैबरन्थि फॉर हॉर्सेस, कॉर्डेलआि रोज़ एंड बेन नकिोलसन द्वारा (अन्य डीवीडी जसिमे घोड़े, चकित्सिा और भूलभुलैया सम्मलिति हैं, व्हाइटवॉटर मेसा लैबरथि्स से उपलब्ध हैं, www.wmlabyrinths.com).

भूलभुलैया संसाधन-निर्देशक

समितियाँ, सदस्यता निकाय तथा अनुसंधान केंद्र

भूलभुलैया लॉन्चपैड। मुक्त-प्रभारी, बहु-भाषा संसाधनों और भूलभुलैया की खोज और परिचय के लिए मदद के स्रोतों का प्रमुख पोर्टल। इसमें मेजबान मेजबानों के लिए प्रशिक्षण शामिल है।
www.labyrinthlaunchpad.net

द लैबरिन्थ सोसाइटी। विश्वव्यापी संगठन जिसके सदस्यों में भूलभुलैया निर्माता, भूलभुलैया सुकारक और कोई भी जिसे भूलभुलैया में रुचि हो, या उसके लिए सराहना हो, इसमें शामिल हैं। सदस्यों को पत्रिका के लेखों के संग्रह भी उपलब्ध हैं, और वे समिति के फेसबुक ग्रुप पर भूलभुलैया से संबंधित हर चीज़ पर विचारों का दिलचस्प आदान-प्रदान कर सकते हैं।
www.labyrinthsociety.org

वेरडिटिस। भूलभुलैया सुकारकों को प्रशक्षिण और आधकिारकि मान्यता प्रदान करता है। भूलभुलैया मेज़बानी के लिए सर्वोत्तम कार्य प्रणाली को प्रोत्साहन देता है और भूलभुलैया में चलने के लाभों का प्रचार करता है। www.veriditas.org

लैबरथिोस। भूलभुलैया के इतहिास, उद्देश्य और प्रयोग के लिए अनुसंधान नकिाय और सूचना केंद्र। वार्षकि पत्रकिा *लैबरन्थि पाथवेज़* (लैबरन्थि सोसाइटी के सदस्यों को उपलब्ध) और *कैरडरोइअ* प्रकाशति करता है। www.labyrinthos.net

द लैबरन्थि कोअलशिन। संसाधन, नेटवर्कगि और कार्यक्रम संयोजक जो संयुक्त राज्य अमेरकिा के मध्यपश्चमि पर ध्यान केंद्रति करता है। www.labyrinths.org

द लैबरन्थि गलि्ड ऑफ न्यू इंग्लैंड। न्यू इंग्लैंड में स्थति भूलभुलैया अनुकरणकर्ताओं, सुकारकों और कार्यक्रम संयोजकों का समुदाय। www.labyrinthguild.org

द ऑस्ट्रेलयिन लैबरन्थि नेटवर्क। भूलभुलैया प्रेमयिों का एक समुदाय जो ऑस्ट्रेलयिा में भूलभुलैया चेतना को बढ़ावा देने के लिए समर्पति है। https://www.aln.org.au

लैबरन्थि लकि ऑस्ट्रेलयिा
www.labyrinthlinkaustralia.org

लैबरन्थि नेटवर्क उत्तरपश्चमि (पैसफिकि नार्थवेस्ट)।
www.labyrinthnetworknorthwest.org

ऑनलाइन फोरम, ब्लॉग, तथा सोशल मीडिया

https://www.facebook.com/labyrintharoundameric a/ **लैबरिन्थ अराउंड अमेरिका का फेसबुक पेज।**

https://www.facebook.com/LabyrinthSociety/

www.facebook.com/veriditas.labyrinth

https://www.facebook.com/groups/labyrinthmaker sforum/ **भूलभुलैया का पररूिप तैयार करने, उत्पन्न करने और बनाने पर चर्चा करने के लिए एक स्थान**

https://www.facebook.com/groups/380133535362 191/ **बच्चों की भूलभुलैया में रूचि की चर्चा को समर्पति**

https://www.facebook.com/pg/Labyrinth-Community-Journeys-Kathryn-McLean-539429359446709/ **विश्व में भूलभुलैया के कार्य पर शिक्षा प्रदान करने, जागरूकता बढ़ाने और सामुदायिक सम्बन्ध प्रदान करने के लिए समर्पति।**

https://www.facebook.com/groups/britishlabyrinth s/ **फेसबुक पर ब्रिटेन की भूलभुलैया का घर** (http://labyrinthsinbritain.uk/)

www.facebook.com/LabyrinthosUK

www.facebook.com/labyrinthwellnessllc

www.facebook.com/Labyrinthing

www.facebook.com/Labyrinthireland-156708794360950

https://labyrintharoundamerica.wordpress.com/
लैबरन्थि अराउंड अमेरकिा का ब्लॉग।

www.blogmymaze.wordpress.com

https://guerrillalabyrinths.wordpress.com/labyrinth-blog

https://www.facebook.com/groups/104118810197518/ वेरडिटिास भूलभुलैया सुकारक यू के, आयरलैंड और उत्तरी यूरोप का फेसबुक ग्रुप

http://labyrinthos.blog/

http://labyrinthyoga.com/blog

https://www.instagram.com/thelabyrinthsociety/

https://twitter.com/LabyrinthSoc

https://twitter.com/labyrinthwisdom

https://www.linkedin.com/in/veriditas-inc-8157019a

भूलभुलैया खोज सुवधिाएँ

www.labyrinthlocator.com. द वर्ल्ड-वाइड लैबरन्थि लोकेटर। एक भूलभुलैया को खोजने के लिए व्यापक ऑनलाइन खोज की सुवधिा। फेथ, होप एंड लव फाउंडेशन की ओर से एक उदार अनुदान के माध्यम से द लैबरन्थि सोसाइटी और वेरडिटिास इनकॉरपोरेटेड द्वारा प्रायोजति। जेफ सॉवर्ड द्वारा शोधति और प्रशासति, जो भूलभुलैया और चक्रव्यूह के इतहिास और वकिास

पर एक प्रमुख वशिषज्ञ हैं, *कैरडरोइअ - द जर्नल ऑफ़ मेज़ेस एंड लैबरथि्स* के संस्थापक संपादक और लैबरनि्थोस के सह-संस्थापक और नर्दिेशक हैं।

www.labyrinths.org. द लैबरनि्थ कोअलशिन की भूलभुलैया नर्दिेशकिा।

www.labyrinthlinkaustralia.org/labyrinth_directory.htm. पारस्परकि क्रयिा युक्त ऑस्ट्रेलयिा का मानचति्र।

https://www.aln.org.au/page-18093 ऑस्ट्रेलयिा में भूलभुलैया का एक व्यापक खोज करने का यंत्र, जसिका मेज़बान ऑस्ट्रेलयिन लैबरनि्थ नेटवर्क है।
www.labyrinthnetworknorthwest.org/. (Pacific Northwest)

www.paxworks.com/labguy/hospitallinks.html. अस्पतालों में स्थति भूलभुलैया से संपर्क जोड़ता है।

सुकारक और करिाए पर भूलभुलैया

www.veriditas.org/. Veriditas' 'Find a Facilitator' directory. वेरडिटिास द्वारा प्रशकि्षति सुकारक की खोज करने की वकिसति सुवधिा।.

www.labyrinths.org/lablocators.html. द लैबरनि्थ कोअलशिन की सुकारक नर्दिेशकिा।

www.labyrinthguild.org. (Boston, MA area)

वहनीय भूलभुलैया के नरि्माता

टप्पिणी: नमि्नलखिति भागों में दिए गए अधकिांश आपूर्तकिर्ता वशि्व भर में अपने उत्पाद भेजेंगे / सेवाएँ प्रदान करेंगे।

www.discoverlabyrinths.com. **डसि्कवर लैबरथि्स एल एल सी (यू एस ऐ)**

www.labyrinthbuilders.co.uk. **द लैबरनि्थ बलि्डर्स (यू के)**

www.labyrinthcompany.com. **द लैबरनि्थ कंपनी (यू एस ऐ)**

www.labyrinth-enterprises.com. **लैबरनि्थ एंटरप्राइज़ेस, एल एल सी (यू एस ऐ)**

www.pathsofpeace.com. **पाथस ऑफ़ पीस, लैबरनि्थ अराउंड अमेरिका के भूलभुलैया नरि्माता (यू एस ऐ)**

www.paxworks.com. **पैक्सवर्कस (यू एस ऐ)**

www.robinmcgauley.com. **रॉबनि मकगौली (कैनेडा)**

www.veriditas.org/canvaslabyrinth. **वेरडिटिास (यू एस ऐ)**

स्थाई भूलभुलैया नरि्माता और सलाहकार

www.pathsofpeace.com. **पाथस ऑफ़ पीस (यू एस ऐ)**

www.labyrinthbuilders.co.uk. द लैबरनि्थ बलि्डर्स (यू के)

www.labyrinthcompany.com. द लैबरनि्थ कंपनी (यू एस ऐ)

www.labyrinthireland.com. labyrinthireland.com. रचना, सलाह, सुभीता और कार्यशाला (आयरलैंड)

http://www.labyrinthos.net/construction.html/. Labyrinthos. रचना, सलाह, प्रकाशन और यात्रा (यू के)

www.labyrinths.com.au/. मार्क हीली लैबरथि्स (ऑस्ट्रेलयिा)

www.labyrinthsinstone.com. लैबरथि्स इन स्टोन (यू एस ऐ)

www.veriditas.org/construction. वेरडिटिास (यू एस ऐ)

पॉप-अप लैबरनि्थ आपूर्तकिर्ता

www.discoverlabyrinths.com/. भूलभुलैया की खोज करें। लार्स हौलेट द्वारा समुदाय और अन्य कार्यक्रमों के लएि तेज़ और आसान भूलभुलैया नर्माण। (संयुक्त राज्य अमेरीका)

www.labyrinthsociety.org/make-a-labyrinth. द लैबरनि्थ सोसाइटी द्वारा भूलभुलैया बनाने के लएि नर्देश।

द सैंड लैबरनि्थ कटि, लॉरेन आर्ट्रेस द्वारा, 2002, टटल पब्लकिेशन्स। एक पुस्तक, दो साँचे और एक बोरा रेत शामलि हैं। www.veriditas.org

www.asacredjourney.net/2015/11/make-your-own-labyrinth. **अपनी स्वयं की भूलभुलैया बनाने के तीन तरीकों का वर्णन करते हुए *जर्नी बुक क्लब* का लेख।**

www.centerforfaithandhealth.org/resources. **सेण्टर फॉर फेथ एंड होप। भूलभुलैया बनाने के लिए मार्गदर्शन प्रदान करते हैं।**

भू शकुन विद्या सलाहकार

www.bouldermasterbuilders.com.
बोल्डरमास्टरबल्डिर्स / डोमनिकि सुसानी, विश्वभर में सम्मानति भू शकुनवेत्ता और भूलभुलैया नर्िमाता। (फ्रांस)

www.landandspirit.net. **लैंड एंड स्परिटि (यू के)**

www.markopogacnik.com. **मार्को पोगाक्नकि, विश्वभर में सम्मानति भू शकुनवेत्ता और शांति के लिए यूनेस्को कलाकार। (स्लोवेनयिा)**

www.geomancy.org. **मडि अटलांटकि ज्योमैन्सी, हॉलैंड में ऐवालोन, सगि लॉनग्रेन, आजीवन भू शकुनवेत्ता और द लैबरन्थि सोसाइटी के संस्थापक सदस्य (नेदरलैंड्स) द्वारा**

www.richardfeatheranderson.com/American_School_of_Geomancy.html. **अमेरकिन स्कूल ऑफ़ ज्योमैन्सी (यू एस ऐ)**

अंगुली भूलभुलैया आपूर्तकिर्ता

www.dasfingerlabyrinth.com/kaufen-2. दास फगिरलैबरनि्थ (जर्मनी)

www.dmhstudio.com. डी एम एच स्टूडियो। (अंगुली भूलभुलैया बनाने के लिए निर्देशन भी देते हैं) (यू एस ऐ)

www.escapepathllc.com. ई एस सी ऐ पी ई पाथ (यू एस ऐ)

https://goo.gl/bUpvoE. वेरडिटिास शारत्र लैबरनि्थ (यू एस ऐ)

www.harmonylabyrinths.com. हारमनी लैबरथि्स (यू एस ऐ)

www.ispiritual.com. आई स्परिचिुअल डॉट कॉम (यू एस ऐ)

www.labyrinths.com.au/. मार्क हीली लैबरथि्स (ऑस्ट्रेलयिा)

www.labyrinthshop.com. द लैबरनि्थ शॉप (यू एस ऐ)

www.mindfulsoulutions.ca. माइंडफुल सोलूशन्स (कैनेडा)

www.mountainvalleycenter.com/labyrinth-gifts.php. माउंटेन वैली सेण्टर (यू एस ऐ)

www.pathsofpeace.com. पाथ्स ऑफ़ पीस (यू एस ऐ)

www.paxworks.com/. पैक्सवर्क्स (यू एस ऐ)

www.pilgrimpaths.co.uk. पलिग्रमि पाथ्स लमिटिड (यू के)

www.qdimensions.com.au. क्यू डाइमेंशन्स (ऑस्ट्रेलिया)

www.relax4life.com/index.html. रलैिक्स4लाइफ (यू एस ऐ)

www.robinmcgauley.com/. रॉबनि मकगौली (कैनेडा)

अंगुली भूलभुलैया बनाने के लिए क्रोशयिा/ बुनाई के नःिशुल्क नमूने

http://www.welcatg.org/filebin/PDF/Labyrinth_FINAL.pdf. वमिन ऑफ़ द ईएलसीऐ (ऑनलाइन), सहायक तथ्य पत्र तथा भूलभुलैया को प्रओग करने के लिए नर्दिेश भी शामलि हैं।

मेज़बान शक्षिण

www.labyrinthlaunchpad.org. लैबरनि्थ लॉन्चपैड भूलभुलैया चलन की मेज़बानी करने के लिए एक नःिशुल्क स्व-अध्ययन और प्रमाणीकरण पथ के साथ ही अपने स्वयं के मेज़बान शक्षिण कार्यक्रम वकिसति करने के लिए नःिशुल्क संसाधन भी प्रदान करता है। (वशि्वव्यापी)

http://www.labyrinthguild.org/. द लैबरनि्थ गलि्ड ऑफ़ न्यू इंग्लैंड। एक न्यू इंग्लैंड में स्थति समुदाय जो भूलभुलैया का परचिय देने के लिए कार्यशाला प्रदान करता है। (यू एस ऐ)

http://www.peacefulendeavours.org,. **कस्टम एक-से-एक और कम लागत वाली कार्यशालाओं में मेजबानों के लिए और समुदायों के लिए भूलभुलैया शुरू करने के लिए**

www.veriditas.org. **वेरडिटिास, भूलभुलैया सुकारकों को आधकिारकि मान्यता प्रदान करने वाली प्रमुख नकिाय।** (**यू एस ऐ, यूरोप तथा ऑस्ट्रेलयिा**)

www.labyrinthjourney.com/index.asp. **लैबरनि्थ जर्नी।** (**यू एस ऐ**)

भूलभुलैया संग्रहालय

www.butterflyzoo.co.uk. **पज़ल मेज़, साइमंड्स याट, हेरेफोर्डशयिर, यू के। एक छोटा संग्रहालय जो भूलभुलैया और चक्रव्यूह के इतहिास का अनुरेखण करता है।**

भूलभुलैया कार्ड

www.helenwilltheartofhealing.com. **द आर्ट ऑफ़ हीलगि (कैनेडा)। चलते हुए ध्यान लगाने में प्रयोग के लिए सुन्दर चति्रति पत्तों की गड्डयिाँ।**

www.labyrinthwisdom.com. **लैबरनि्थ वज़िडम कार्ड्स** (**आयरलैंड**)**।** 48 **पत्तों की गड्डयिाँ और एक पुस्तका प्रदान करते हैं, जो भूलभुलैया की सचति्र व्याख्या करती है और उन पर चतिन के लिए प्रश्न पूछती है।**

डाउनलोड करने के लिए संसाधन

https://zdi1.zd-cms.com/cms/res/files/382/labyrinth_proposal_te

mplate-1.pdf. एक सामुदायकि या संस्थानकि भूलभुलैया परयिोजना के लिए खाका प्रस्ताव। (द लैबरनि्थ सोसाइटी)

https://zdi1.zd-cms.com/cms/res/files/382/ChartresLabyrinth.pdf. शारत्र भूलभुलैया चति्र।

http://www.labyrintharoundamerica.net/Labyrinth_Walk_Handout_v01.pdf. लैबरनि्थ अराउंड अमेरकिा पूर्व-चलन पर्चा। (अंग्रेजी).

http://www.labyrintharoundamerica.net/Labyrinth_Walk_HandoutES_v01.pdf. लैबरनि्थ अराउंड अमेरकिा पूर्व-चलन पर्चा। (स्पेनशि)

www.centerforfaithandhealth.org/resources. सेण्टर फॉर फेथ एंड होप। कागज़ की भूलभुलैया बनाने के लिए ख़ाके प्रदान करते हैं।

भूलभुलैया के बारे में और अधकि जानकारी प्राप्त करने के लिए अन्य उपयोगी स्रोत

www.labyrinthlaunchpad.org. लैबरनि्थ लॉन्चपैड भूलभुलैया मेज़बानों के लिए नःिशुल्क, बहु-भाषी शकि्षण तथा परामर्श प्रदान करते हैं, साथ ही भूलभुलैया के उपयोगों और उन का समुदायों और संगठनों में परचिय करवाने के लिए एक संसाधन भण्डार भी प्रदान करते हैं।

www.art.tfl.gov.uk/labyrinth मार्क वॉलिंगर द्वारा लंदन के भूमिगत रेल के लिए प्रमुख कलाकृतियों का एक आकर्षक सर्वेक्षण, जिसमें ट्यूब के प्रत्येक 270 स्टेशनों में एक भूलभुलैया कलाकृति स्थापित करना शामिल था।

www.cathedrale-chartres.org/en/,251.html. शारत्र कैथेड्रल लैबरिन्थ, शारत्र, फ्रांस।

https://www.sadellewiltshire.com/. सडेल विल्टशायर मेडिटेटिव आर्ट्स नियमित ऑनलाइन पाठ्यक्रम प्रदान करते हैं जो भूलभुलैया का परिचय कराते हैं और कला में भूलभुलैया का प्रयोग करते हैं (वीडियो और एक समर्पित फेसबुक समूह के माध्यम से)

www.centennialparklands.com.au. सिडनी सेंटेनियल पार्क लैबरिन्थ, सिडनी, ऑस्ट्रेलिया

www.gracecathedral.org/labyrinth. ग्रेस कैथेड्रल, सैन फ्रांसिस्को

www.graceinhouston.org/visiting-joining/tree-of-life-labyrinth. 'ट्री ऑफ़ लाइफ' लैबरिन्थ, ग्रेस एपिस्कोपल चर्च, हूस्टन, टेक्सास

www.labyrintharoundamerica.net. लैबरिन्थ अराउंड अमेरिका। महाद्वीपीय संयुक्त राज्य अमेरिका के सीमावर्ती राज्यों में एक भूलभुलैया को ले जाने के लिए इसी नाम की परियोजना का आवास स्थान। इस पुस्तक के लेखक क्लाइव जॉनसन द्वारा बनाया और संघृत किया गया है। फेसबुक पर: https://www.facebook.com/labyrintharoundamerica/, ब्लॉग: https://labyrintharoundamerica.wordpress.com/

www.labyrinthos.net. लैबरनि्थोस। भूलभुलैया के इतहिास और रहस्यों की वसि्तृत जानकारी के साथ वभिनि्न देशों में भूलभुलैया की एक वसि्तृत ग्रंथ सूची और संदर्शकिा प्रदान करता है।

www.labyrinths.org/resources/worldpeacelabyrinth 05.pdf. वर्ल्ड पीस लैबरनि्थ

https://labyrinthsociety.org/tls-365-experience. **द *365 एक्सपीरयिंस* 'द लैबरनि्थ सोसाइटी' के फ़ेसबुक पेज और वेबसाइट पर** कसिी के लएि भी वचिार करने, चतिन करने और प्रयोग करने के लएि दैनकि अनुभव प्रदान करता है, जसिमें 'द लैबरनि्थ सोसाइटी' के सदस्यों का योगदान होता है (सम्मलिति होने का आनंद लेने के लएि आपकी स्वयं की एक भूलभुलैया तक पहुँच होना आवश्यक नहीं है।

www.labyrinthsociety.org/labyrinths-in-places. लैबरथि्स इन प्लेसेस उन व्यक्तयिों या समूहों के लएि संसाधनों और मार्गदर्शन की एक शृंखला प्रदान करता है जो अलग-अलग संदर्भों में (जैसे स्कूलों, चर्चों, जेलों, परामर्श सत्र, रट्रिीट, सार्वजनकि पार्क तथा महावद्यिालयों और वशि्ववद्यिालयों में) भूलभुलैया स्थापति करने पर वचिार कर रहे हों।

www.lessons4living.com/labyrinth.htm. सार्वजनकि संसाधन।

www.reconciliationlabyrinth.withtank.com. द रीकॉन्सलिएिशन लैबरनि्थ, साउथ अफ्रीका

www.ssqie.com/. Sacred Sites Quest. **छात्रों को, अक्सर सामुदायकि भूलभुलैया परयिोजनाओं को शामलि करते हुए, वभिन्नि संस्कृतयिों का अनुभव देता है। रेजनिाल्ड एडम्स की अपनी वेबसाइट भी देखें** www.reginaldadams.com/

यूट्यूब और ऑनलाइन वीडयिो

www.youtube.com/channel/UCvlZ0FybLM_mqhoHlT1Nqow. **'द लैबरन्थि सोसाइटी' की समर्पति यूट्यूब चैनल पर वभिन्नि वषियों पर वीडयिो शामलि हैं, उदाहरण के लएि चर्चों** (www.youtube.com/watch?v=6wB19SPNBQg), **जेलों** (www.youtube.com/watch?v=W2uBjA4za-I), **और पाठशालाओं**
(www.youtube.com/watch?v=hkbtv2QR3IA) **में भूलभुलैया का उपयोग।**

www.youtube.com/watch?v=o7u80ZLEh3M **द लैबरन्थि सोसाइटी द्वारा** ***लैबरन्थि हसि्ट्री एंड वॉकगि***

www.youtube.com/watch?v=shpJpL9SKXM ***लैबरन्थि - अ वॉकगि मैडटिशन*****, टोरी फओिर फल्मि प्रोजेक्ट्स द्वारा**

www.youtube.com/watch?v=rlPKFeevXZs&app=desktop ***हाउ टू मेक अ क्वलि्टेड फगिर लैबरन्थि*****, वमिन ऑफ़ द ईएलसीऐ द्वारा**

www.youtube.com/watch?v=WJ6J2Haktdc ***वॉकगि मैडटिशन: ग्रेस कैथेड्रल लैबरन्थि*****, कर्स्टन जॉनसन द्वारा**

www.labyrinthsociety.org/labyrinth-types. ***लैबरन्थि टाइप्स - अ गाइड टू द मेनी काइंड्स ऑफ़ लैबरथि्स फाउंड ऑल ओवर द वर्ल्ड*****, द लैबरन्थि सोसाइटी द्वारा**

https://www.youtube.com/watch?v=SX_orvEelak. *लीफ लैबरन्थि,* डस्किवर लैबरथि्स द्वारा। स्टीफन शब्लिी और लार्स हौलेट दखिाते हैं कि गरि हुए पत्तों से कैसे भूलभुलैया बना सकते हैं।

www.youtube.com/watch?v=f9rt39ieP5E. *लॉरेन आर्ट्रेस ऑन द लैबरन्थि,* बॉब ह्यूग्स द्वारा

http://art.tfl.gov.uk/labyrinth/about/. *अबाउट लैबरन्थि, मार्क वॉलगिर द्वारा।* जो कलाकार भूलभुलैया कलाकृतियों को लंदन अंडरग्राउंड रेल तक लाने के लिए उत्तरदायी हैं, वह इस प्रेरणाप्रद परयिोजना के बारे में बात कर रहे हैं।

www.youtube.com/watch?v=i33t89tnGfU. *क्रएिटगि अ मास्कगि टेप लैबरन्थि,* वॉर्रेन लन्नि द्वारा

www.youtube.com/watch?v=7TjEo6y1_eY. *फगिर वॉकगि द शारत्र लैबरन्थि बोर्ड*
www.youtube.com/watch?v=jXluF1x1sbo. *हीलगि पावर्स ऑफ़ लैबरथि्स एक्सप्लेंड एंड एक्सपीरएिंस्ड,* लीलू मेस द्वारा

www.youtube.com/watch?v=I4jyt8KJyYw. *अ बटि ऑफ़ लैबरन्थि हस्ट्रिी,* गाइडपोस्ट्स द्वारा

www.youtube.com/watch?v=DgYTwmgGsJc. *लैबरन्थि लोकेशंस,* द लैबरन्थि सोसाइटी द्वारा

www.youtube.com/watch?v=1aMAuekhi_A. *द सर्च फॉर मीनिंग इन द लैबरिंथ ऑफ़ लाइफ - लॉरेन आर्ट्रेस एंड फिलि कोउसीनो*, वेरडिटिसवेबवीडियोस द्वारा

www.youtube.com/watch?v=ik1TdDNKfE8. *सेक्रेड साइट्स क्वेस्ट इक्वेडोर 2017: प्रमोशनल वीडियो*, रेजिनाल्ड एडम्स द्वारा

www.youtube.com/watch?v=_GE-UBdXbrg *हाउ टू मेक योर ओन प्लास्टर फिगर लैबरिंथ*, लसि लोट्ज़ द्वारा

पॉडकास्ट

www.labyrinthsociety.org/media/categories/1708-podcasts. द लैबरिंथ सोसाइटी द्वारा पॉडकास्ट की व्यापक और बढ़ती श्रृंखला।

www.abc.net.au/local/stories/2015/10/08/4326896.htm. इंटरव्यू विदि जो कुक, तस्मानयिन रिकवरी फ्रॉम ईटिंग डिसऑर्डर्स संघ की संस्थापक। जो का भूलभुलैया से सामना उनके खाने के विकार से पुनः स्वस्थ होने में सहायक सिद्ध हुआ।

www.abc.net.au/radionational/programs/breakfast/the-labyrinth/2992930. ऐ बी सी रेडियो नेशनल आर एन ब्रेकफास्ट इंटरव्यू, रेव. डॉ लॉरेन आर्ट्रेस के साथ।

www.abc.net.au/radionational/programs/spiritofthings/ladies--of-the--labyrinth/6127862. *द स्पिरिट ऑफ़ थिंग्स*, 'लेडीज़ ऑफ़ द लैबरिंथ'। ऐ बी सी रेडियो नेशनल की लॉरेन आर्ट्रेस और एमिली सिम्पसन के साथ प्रेरणाप्रद बातचीत, जिनकी दृष्टि और प्रतिबद्धता के कारण सिडनी सेंटेनियल पार्क भूलभुलैया का निर्माण हुआ।

www.bestofbcb.org/out-002-landscape-artist-describes-his-labyrinth-in-serene-park/. बेनब्रिज कम्युनिटी ब्राडकास्टिंग की जेफरी बेल्स के साथ बातचीत, जो एक समुदाय-आधारित पत्थर की सतह वाली भूलभुलैया के निर्माता हैं।

www.labyrintharoundamerica.com/LaACJph.mp3. क्लाइव जॉनसन लैबरिन्थ अराउंड अमेरिका परियोजना की प्रेरणा और उद्देश्य के बारे में बात कर रहे हैं।

http://www.onbeing.org/program/the-science-of-healing-places/4856. *ऑन बीइंग विद क्रिस्टा टिप्पेट,* 'एस्थर स्टर्नबर्ग–द साइंस ऑफ़ हीलिंग प्लेसेस'। भूलभुलैया के उपचारात्मक स्थान के रूप में लाभों पर चिंतन शामिल है।

आभारोक्ति

मेरा धन्यवाद, उन सभी शिक्षकों, समर्थकों और साथी चलने वालों को जिन्होंने मेरी भूलभुलैया यात्रा में मेरी सहायता की है; टीजे को, सबसे अधिक धैर्यवान और निष्ठावान कॉली, जो मेरे अधिकाँश लेखन के दौरान मेरे साथ बैठा; मोनिका डगलस-क्लार्क को, अपने उत्कृष्ट पठन से मेरी लिखाई को अभेद्य बनाने के लिए; और द ग्रेट डिवाइन (महान ईश्वर्य)- भूलभुलैया की रहस्यमयता के निर्माता और रक्षक को।

लेखक के बारे में

क्लाइव जॉनसन एक वेरडिटिास प्रशक्षिति भूलभुलैया सुकारक, इंटरफेथ मनिसि्टर (सभी धर्मों को अंतर्भूत करने वाले पादरी), और भूलभुलैया उत्साही हैं। यह उनकी आठवीं पुस्तक है।

www.clivejohnson.info
www.clivejohnsonministry.com
www.labyrintharoundamerica.net
www.labyrinthlaunchpad.org

क्लाइव जॉनसन के द्वारा अन्य पुस्तकें:

पक्चिरगि गॉड: हाउ टू कंसीव एंड रलिेट टू द डविाइन (ऐन एन्थोलॉजी)
फेयरी स्टोरीज एंड फेयरी स्टोरीज: ट्रेडशिनल टेल्स फॉर चल्ड्रिन, कंटेम्पररी टेल्स फॉर एडल्ट्स
अरेबयिन नाइट्स एंड अरेबयिन नाइट्स: ट्रेडशिनल टेल्स फ्रॉम अ थाउज़ंड एंड वन नाइट्स, कंटेम्पररी टेल्स फॉर एडल्ट्स
द कम्पलीट गाइड टू वजिनगि: हाउ टू डसि्कवर, शेप एंड रीयलाइज योर वज़िन

www.ingramcontent.com/pod-product-compliance
Lightning Source LLC
Chambersburg PA
CBHW071403080526
44587CB00017B/3163
* 9 7 8 1 9 1 6 2 2 7 6 6 8 *